新思想系列丛书·收藏

懂得收藏也不难【二】

施艳萍／著

文化藝術出版社
Culture and Art Publishing House

目录

Contents

编者按

《懂得收藏也不难》是我来文化艺术出版社之后第一套自己策划、编辑、包装的书，它的目的很简单：让我们追求更美好的生活。

在我看来，收藏更多反映的是个人修养问题，而一个人的修养如何对于其后代心理的潜移默化不可言喻。所以，我们收藏艺术品，挂在家里也好，经常谈论也好，都会在无形之中影响孩子的未来选择。那些不顾艺术价值、文化价值而只追求投机盈利的收藏家如同浮士德，表面能一时获得暴利，其实却是在拿自己的未来，甚至是孩子的未来跟魔鬼进行了交换。问问每一个妈妈吧：家里挂个裸体女人像，甚至是宣扬暴力、性和扭曲世界观的作品，对于生活在这个氛围内的孩子会有什么样的暗示？孩子是未来，他们的未来其实也是我们的未来，人类的未来。

我不想为别人做出选择，只是这套丛书完全符合我的价值观，它是得鱼之筌，用或不用，其实都在个人的选择。玄奘大师说：如人饮水，冷暖自知。看书做事，乃至精神修养、艺术收藏也应如此。

感谢施艳萍老师的支持，感谢诸位同事的帮助，感谢我的父母和老师的教诲，让我能够做一点理想化的事。

陈文璟　于涤虑斋

2012年11月21日

世曾見其三丈大巨幅有碑額大氣磅礴然運筆以墨遒
退之容與舉重若輕尤難能可貴老子曰治大國如烹小鮮
以理喻情者一石亦然也尤其人振奮鮮明寶珠曰
所作從以幅貴一段注目縱横之態而出之以氣韻伏維
含蓄真古墨法莫元味世之寶
古德曰大非究大泰山等同鴻毛以非宗若子
納須彌寶珠圓通無遮
間發由心之謂然因當見說見然
敬先海內同仁不吝賜教
壬辰三月書
本寺寶圓識

（序）

陈玉圃

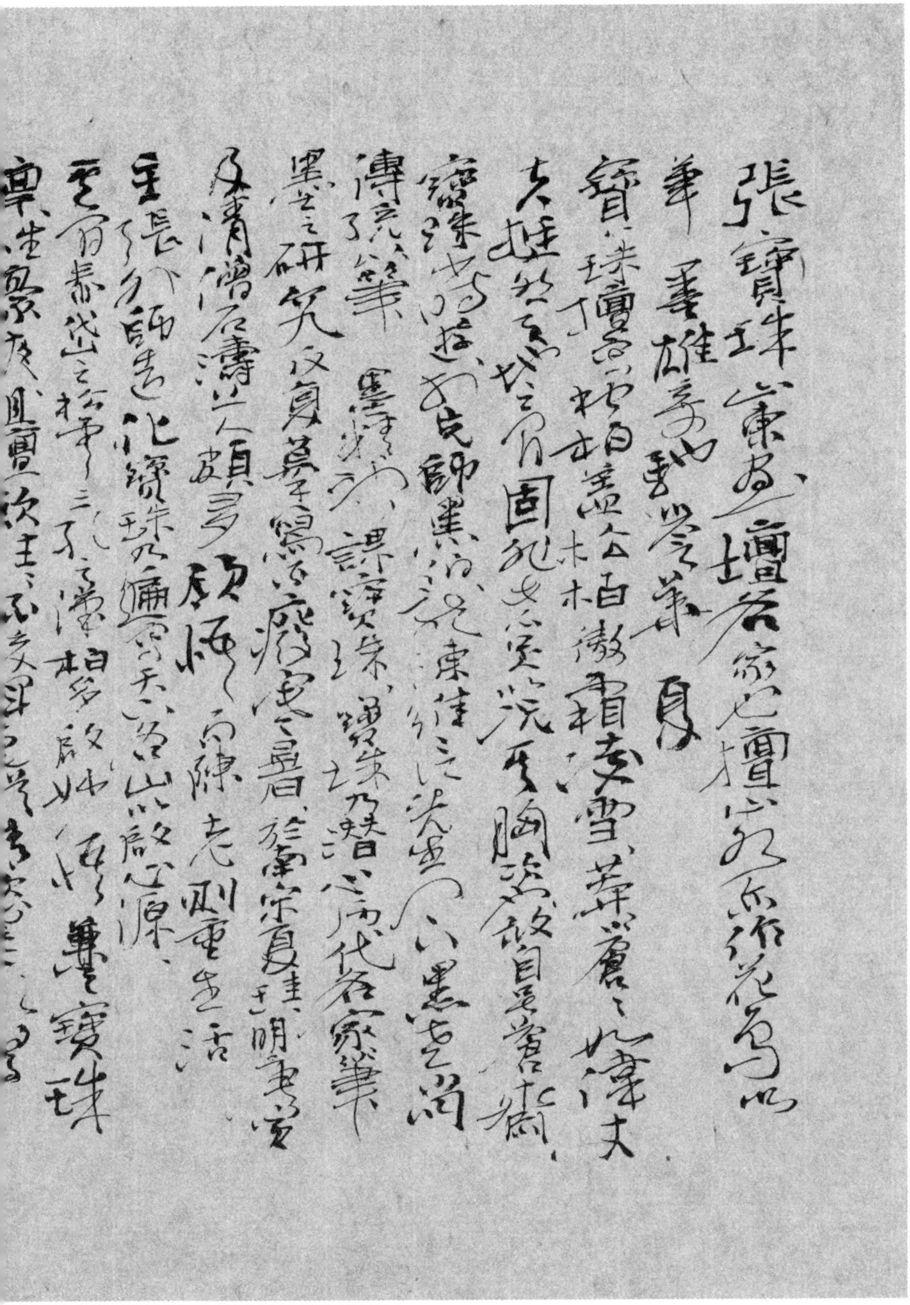

画道圆通、简繁由心（序）

张宝珠，齐鲁画坛名家也。擅山水，亦作花鸟，以笔墨雄奇驰誉华夏。

宝珠尤擅写松柏，盖松柏傲霜凌雪，莽莽苍苍，如伟丈夫挺然天地之间。固非此不足以况其胸次也，故自号“苍斋”。

宝珠少时游于先师黑伯龙、陈维信先生门下。黑老尚传统，以笔墨精神课宝珠，宝珠乃潜心历代名家笔墨之研究，反复摹写，不废寒暑。其中，于南宋夏珪、明唐寅及清初石涛和尚颇多领悟。而陈老则重生活，主张外师造化。宝珠乃遍写天下名山以启心源。其间泰岱之松云，三孔之汉柏，多启妙悟。兼之宝珠秉性豪爽，且擅饮，往往酒后挥毫，纵情恣意。以惊电震雷之笔，动神泣鬼之墨，放笔写去，力沉气猛，神拟草圣。窃以为颠张狂素有知，亦当刮目看也！

世多见其寻丈巨幅，有磅薄大气存焉。而运笔行墨，进退从容，举重若轻，尤难能可贵。老子曰：治大国如烹小鲜。以理喻诸画不亦然哉！尤其令人振奋的是，宝珠目前所作径尺小幅竟一改往日纵横之态，而出之以婉约优雅，含蓄高古，墨法浅淡，玩味无穷。古德曰：“大非定大，泰山等同鸿毛；小非定小，芥子可纳须弥。”岂宝珠圆通画道、简繁由心之谓欤？固当见仁见智，敬乞海内同仁不吝赐教。

壬辰之春樗斋玉圃于泉城

引言

为什么传统画家在现在仍然具有生命力？与新锐画家相比较，传统画家在笔墨形式上并无特立独行的举措，有的只是立足于继承基础之上的发展，而且这样的发展会因为个人禀赋及文化素养的不同而显现出不同的特点。但不论形式如何发展，有一点一定是传统画家所共同遵守的——即对传统文化精神的贯彻。“画以载道”是传统画家们遵循的基本原则。

然而，对于这样一种文化上的诉求，在今天并不是能够得到所有人的认同。在人们眼中，所谓的传统已经是过去式，求新出奇才是正确的，所以，传统画家的作品很可能被拍卖公司拒之门外。给出的理由很简单：现在的画家，不应该这样画画。其实，恐怕对利益的追求才是拒绝画作上拍的真正原因。因为他们认为这类作品不会有多大市场，不会有人愿意接手，那么作为中介机构，其收益就得不到保障，所以当然不会同意上拍。但事实真的是这样吗？传统画家就一定不会被市场接受？画家的生活也必然困顿吗？当然不是。看看周围的传统画家，答案就会揭晓。相比较如今社会上的一些画家，真正传统的画家由于性格或其他多种原因，他们没有去过多宣传，当然也可能是他们根本不愿意去过多宣传自己。“人为物蔽，则与尘交。”这就使得他们的社会知名度往往不是很高，造成“一流的水平，二流的知名度，三流的价格”也就可以理解了。可是不得不说的是，有些传统画家的作品价格并不比一些拼命炒作宣传的新锐画家低，甚至这些传统画家的作品在时机成熟时，成为了市场上的硬通货。低调的市场运作模式，使得这些画家的市场没有泡沫，是真实的市场状态。通过对这些传统画家的研究，一方面对于研究中国艺术的传承大有裨益，因为在这些画家身上，中国艺术精神得到了很好的继承与发扬。另一方面通过这样的研究，可以使我们清楚地看到传统在当下的生命力。这样的信心的确立至关重要，可以帮助我们更好地面对未来社会中可能出现的诸多问题。

这套丛书要探讨的是收藏，所以仅就收藏而言之，甚至仅仅是就中国传统书画的收藏而言，有几个重要考虑：

一是“以小见大”从来就是传统文艺的表现形式。世界万物千变万化，因为因缘聚合的缘故而呈现各种不同的姿态，但其中的道理却是永恒不变的。任何事物都有一个发展变化的过程，其价值都最终取决于我们对它们的态度。所以，试图事无巨细地去解释各种收藏门类的个性，那就是“以有生之涯”追求无限之事，结果不言而喻。人的精力实在有限，况且做一些多余的事也没有必要，所以仅就手边最熟悉的书画收藏来讲收藏，其实有点文化阐释的味道，明白了其中的道理，我想无论是收藏其他的什么物件，都不会再有任何问题。

二是我比较赞同一位学者说的中国书画是现在中国文化中比较有体系性的阵地这个观点。在美国人高居翰写的书中也有类似的观点，只不过高居翰提出的口号是再接再厉，让中国传统文化的最后一块阵地也变成科学的研究。于我而言，我希望能保护中国传统书画艺术的本土性，这是中国文化的基因，丧失之后我们就会面临一个转基因的文化困境，而文化一旦转了基因，那么未来究竟是什么样子，实在是没有办法把握。

三是我个人喜欢书画艺术，这与性格有关。我天生喜静，不爱凑热闹，而书画艺术恰恰给我营造出一个宁静的世界，让我浸入其中，静以忘忧。至于古董，也许是精美绝伦，也许是价值连城，但那些物件中怕有不少是从地下而出，阴气太重，还有刨坟掘墓之嫌，如我大谈其好恐会勾起人无限之欲望，这就不太好了。所以，我还是从书画谈起，这样比较干净，心里也比较踏实。毕竟古人崇尚的是“因情生文”而非“因文造情”，那么其中文人情怀的注入会非常丰富，这对于了解传统文化、传播传统文化会事半功倍。

基于上面几个原因，我们继续来推出《懂得收藏也不难》系列的第二本。

第一章 论收藏

我个人认为收藏不过三个原则：以识为主，入门须正，立意须高。“以识为主”说的是收藏的志气在于明理；“入门须正”是指收藏的行为要有节制；立意须高说的是收藏的心态应该端正平和。之所以这样理解，是因为很多人认为收藏说白了就是一种个人的喜好而已，无关乎太多的民族大义、家国兴亡，之所以到后来变为我们所耳熟能详的种种有关藏家的爱国情怀、文化使命等故事，恐怕多多少少有后人附会之嫌，或者是因为行为本身具有的文化意义被陆续发掘出来而已。其实这种认识似是而非，收藏如果仅仅满足于个人的爱好，而没有一个更加抽象和深远的文化标准，那收藏本身就失去了存在的文化意义，也就不值得我们在这里长篇大论地探讨了。

第一节 收藏的心态要端正

对古人而言，收藏就是玩，玩得开心最重要，一

《历代帝王图》
（宋摹本，局部）

阎立本
唐（宋摹本）
绢本，设色
美国波士顿美术馆

又称《古帝王图》，为唐阎立本人物画代表作。全卷共画有自汉至隋十三位帝王的画像，此图选汉武帝刘秀像。从画像来看，虽仍有程式化的倾向，但在人物个性刻画上表现出很大的进步，不落俗套，而显得个性分明；画中按等级森严的封建伦理观念，处理人物的大小。

旦过了度，成癖、上瘾就不美了。梁元帝因为喜欢书画古籍，把自己多年的收藏都举火一焚，唐太宗喜欢《兰亭集序》就把它带进了昭陵，而喜欢《富春山居图》的吴先生也是让书画为自己陪葬，以便能在另外一个世界里看到这些东西，这样的例子数不胜数，在古代文集中都有记载。对此一定会有人扼腕叹息，认为是中国文化的极大损失。其实没有那么严重，书画乃是贯道之器，关键是文化本身的精神没有变化，中国文化缺少了那些东西未必就不能正常发展，就像有句话说的那样：地球缺了谁都照转。

对于现在的收藏家而言，“玩”更多是一种口号，更多的恐怕是对经济效益的考虑。如今能够真正称得上“收藏家”的其实并不是很多，更别说那些打着保护文化、传播文明、爱国的旗号去搞收藏的人了。我记得随领导去见过一位收藏家，从20世纪80年代开始收藏，收藏之物大大小小、林林种种，居然放了好几个仓库。收藏家谈了自己的想法，说是要办博物馆，目的是让更多的人了解那些曾经被我们熟悉，但现在却已被淡忘的东西。后来在聊天的过程中，得知收藏家从事的是进出口贸易，将藏品买进卖出是他的工作，应该也是他的生活来源。由此可见，“玩”也得有本钱，这里说的“本钱”既指学识修养，也指一定的经济基础。号称“京城第一玩家”的王世襄先生恐怕是现在很多藏家的榜样。虽然他与古人的雅兴相比还是有差别，但终究还是传统意义上的藏家，而这样的传统意义正是现在藏家最望尘莫及的。对于这样的事实，不免让人唏嘘，经济的发展带给我们物质生活的富裕，对于文化方面却常常是深深的伤害。

当前很多媒体包括一些学者对于收藏家的分类大多是以收藏的东西的多少和价格来确定其地位，似乎收的东西越多、越贵，就越是大收藏家。那个收藏了好几个仓库藏品的收藏家带着我们参观他的收藏，指着一旁的架子床说，那个是黄花梨的，得几百万。后来大家一起聊天，才知道原来他收藏这些东西最主要的目的还是要卖出去，并且他很自豪地提到他的东西是如假包换，别人从他手中买过去的东西如何转卖到更高的价格等等。想来这类收藏人士在目前的社会环境中并不少见，毕竟收藏是一项很费钱的事业，它需要资金的维持与运转，而以藏养藏也不失为一条可以探索的收藏道路，况且由于收藏兴趣的改变或者其他原因，出让藏品也无可厚非，只是不要一味牟利才好。记得看过一部片子，其中的一个老先生极为钟爱古代字画，甚至达到了痴迷的地步，从不出卖自己的藏品换取钱财，可时间一长，家中的基本生活都失去了保障。但为了得到一幅自己心仪已久的作品，他只能忍痛出让另一幅作品。当然，这其中并不涉及经济效益。在现实中收藏成为一种经济行为本身就反映了两个问题：一是目前收藏界已经丧失了文化信仰的能力；二是我们急需真正有文化、有见解的收藏理论。

之所以说收藏界丧失了文化信仰的能力，是因为它本来就没有了文化的信仰，基本上来说是一个全民收藏的状态。收藏一旦全民化了，就一定不再是收藏了，而是一种买卖行为。基于买卖本身侧重的就是利益，所以它也就没有什么文化信仰可言了。当然买卖人中也应该有一些真正的文化人，比如说“儒商”。商人中也有圣人，他们的心中对“文化”充满敬畏，愿意为文化的传承与发展尽一己之力。就目前的收藏界来看，已经刮起了弥天沙尘暴，大势之下，很难再有什么信仰。身体极度虚弱之后，连康复的机能都丧失了，这才是最可怜、最可恨的状态，对于文化也是一样。目前收藏界就是这样，好的东西得不到真正的阐释和传播，反而是劣质、虚假的东西大行其道，是这个世界的风气变坏了，更是人的心里丧失了信仰的能力。

为什么说收藏一旦大众化就会消解了收藏的意义和价值呢？且不说杂草太多必然会影响庄稼的生长，我们只是去探讨一下选择的问题。现在人都喜欢崇尚所谓的民主和自由，都说存在的东西就必然有存在的价值和理由。问题是一个东西在逐渐消亡，是因为它丧失了存在的价值和理由吗？我们每个人都在慢慢地失去生命，时间在一秒一秒地过去，很多人都恨不能用所有的金钱和地位去换取不老之身，但其实都是毫无意义地挣扎。那么时间因此丧失了存在的价值和理由了吗？没有，反而因为它的流逝更让我们体会到时间的宝贵和价值。凡是用金钱和地位能换取的东西都不是最宝贵的东西，这一点我想那些临死的人最能体会到。当年秦始皇多么强势，改天换地，东海射鱼，泰山祭天，气吞宇宙，但却还是死于壮年，严格来说根本不算长寿，所有的荣华富贵都灰飞烟灭，努力打造的秦帝国也二世而亡。他把六国的兵器都铸成了铁人，以为这样可以从容地驾驭天下之人，结果草莽间几个农民的一声呐喊，举着竹竿木棍就推翻了秦朝。更让人唏嘘的还是他如常人一样愚昧，总想着长生不老，被人骗了，还嫁祸于天下读书之人，实在是无法理喻。可见，无论你是什么人，哪怕是一国之君，可以动用的财力和物力都不是常人所能及的，但同样要生老病死，甚至年龄可能在中国连普通人的平均寿命都达不到，更不用说那些生活在长寿之乡、过着安逸平淡生活的百岁老人们了。这只是说明注重表面的收藏是多么肤浅，大众参与收藏的狂欢实际是一种文化意义上的戕害。法国艺术评论家龚古尔兄弟曾经对艺术的大众化提出过严厉的批评，认为这样会导致艺术的灭亡。很多人都认为这是一种过分的精英主义，是一种倒退的历史观。可是事实证明，西方艺术世界中现在能耀眼于世界文化之林中的作品大多都是艺术大众化之前的产物。而一旦商业意识，即所谓的民众力量参与到绘画领域，那么绘画本身的自我精神的救赎能力就会随着其参与程度的加深而降低，乃至于最终会彻底消灭艺术。我在一篇谈中国画廊现状的文章

中，曾经引用过一位备受推崇的前卫画家的话：“但凡我能画好一只手，哪怕仅仅是一只手，我也不会画这玩意儿！”想来看着连自己都觉得惭愧的作品，他的心情一定是无比绝望，但那又如何呢？他画的那些玩意儿是美国政府进行民主和自由文化霸权的需要，是摧毁别国的文明艺术的利器，是鼓动大众参与艺术收藏狂欢的需要。商人从此可以不必计较艺术品的文化价值，只要算计好其中的投入和产出关系，利用好各种噱头进行增值炒作就是了。一次我和朋友吃饭，席间询问起朋友的朋友如何运作艺术品投资，对方很是得意地对我说，你只要出钱，其余的炒作运作什么的就交给我们了，并且保证会实现相当的经济收益。这样的收藏界当然丧失了自省的能力，即使有个别清醒的声音也很有可能被压制下去。

有这样一则故事：某国国民因为喝了被污染过的泉水都疯掉了，只有国王由于特殊的原因没有喝过泉水，因此也就没有疯，但众口铄金，大家都觉得国王不正常，打算废除他，国王很无奈，只好到污染后的河

《五星二十八宿神形图》（局部）

梁令瓒
唐
绢本　设色
日本大阪市立美术馆

梁氏是科学家，但居然能画能写，也是为了工作需要才画的二十八星宿吧？其人物用游丝描，细劲秀逸，匀洁流畅，设色古雅精微，图中的牛、马等动物形亦生动传神，画风谨严。李公麟说类吴道子，是也。读画至此，怎么能不佩服古代文人修养之高呢？

中洗个澡，一起疯了算。收藏界也是这样，我们以为我们提倡的不良风气助推的那些垃圾股飙升可以带给我们客观的经济效益，但却忽略了世界一向是很公平的，此处得，必然会彼处失，这样的不良风气最终吞噬的是整个民族文化的生命，任何人都跑不了。有个大亨说他对北京的雾霾十分满意，因为在这种空气氛围之下，所有的特权都丧失了意义。孩子上幼儿园、上小学、找工作等等，都可以托人解决，但空气污染的问题却只能大家一起承受。收藏界的歪风如果得不到纠正，其最终导致的恶劣后果也会由所有人来承担。

第二就是我们急需真正有文化、有见解的收藏理论。现在的很多收藏书都是欲望的助燃剂，即使那些以文明、文化责任等口号来谈及收藏的书籍也是一个样，说穿了就是让读者买东西，甚至这本书也不能例外。但古人说同样是往西方跑的人，其中有的可能是在追杀敌人，有的则是在溃散逃跑。正确见解的收藏理论，其设置的标准却是从心性上的理解。所谓己所不欲勿施于人。如果收藏图书所介绍的东西一抬眼就知道是垃圾，那么这种书还能有什么样的见识呢？所以一本书的关键在于它的知行合一。本系列丛书选择的画家都是在行业内站得住脚的人，都不是拿着纸糊的大锤去劫皇纲的人，那些咋咋呼呼的人，也就是吓唬外行，或者是自己心虚的人，真正碰到高手，一捅就原形毕露。我认识的一个画家说：“我现在都五十了，什么样的画不知道好坏？跟一些老师聊天，两个人在一起的时候，我说了几句过分吹捧的话，老师就笑了，说咱们是兄弟，这些场面的话就不用说了。”可见，真正画好画坏，在经过学习和实践的画家面前是一清二楚的，除非这个人的水平真的是棒槌，我们也没办法。佛还有不能度的人，更何况这本仅就艺术收藏而讨论的书呢？

我跟同学探讨，说我怎么判断我写的肯定是正确的理论，收藏家怎么判断他的收藏就是正确的收藏呢？虽然我们很需要正确的收藏理论，这个事情的必要性地球人都知道，但迫切的却是提供一个可靠的方法来断定这种理论或者收藏行为的正确性。同学说：“佛说过去心不可得，现在心不可得，未来心不可得。过去、现在、未来的人心可得或不可得且不讨论，但本来面目其实是一样的。那么把这个理论应用到整个收藏领域，你脱离买卖的圈子，跃身到更高的领域，文化的领域、历史的领域去分析收藏，你不就会一目了然了吗？过去的收藏也很混乱，没有文化，搞收藏的人虽然没有现在这么普遍，但相对程度、类似方式是一样的，而且古人在艺术上的创新远远超出我们现在人的想象，仅就表现来说，现在的这些当代艺术跟魏晋时期那些骄奢淫逸、醉生梦死的人比起来也不过如此。因此我们收藏东西，看古人的记录就好了，你想收藏价值可以保存100年的东西，就看看100年前我们留下的是什么艺术品；你想收藏价值可以保存500年以上的东西，就看看500年前我们留下的是什么艺术品。大致做个比较，类推一下当代的艺术家，它的价值不就显而易见了吗？”

原来他是投机取巧，把这个问题交给历史去验证。我们现在都是身在庐山，所以对当代很多艺术家的价值都比较模糊，但是我们现在又十分幸运，因为丰富的印刷品不仅品类繁多，而且质量上乘，价格便宜，任何人都容易购买，收藏起来其实非常容易，可以比较今人和古人的画进行收藏。或许有人会说，现在人的画怎么能跟古人相比？这里需要澄清的是古人也是人，为什么现在的人不能跟古代的人比较呢？而且古人留下来的东西也未必就特别好，现代人就一定比不上。只是因为古人的

《鹊华秋色图》(局部)

赵孟頫
元
图卷，纸本，设色
台北故宫博物院

此幅为浅青绿山水。两座主峰以花青杂以石青，呈深蓝色，与洲渚的浅淡、树叶的各种深浅不一的青色，成同色调的变化；斜坡、近水边处染赭，屋顶、树干、树叶又以红、黄、赭这些暖色系的颜色与花青正形成色彩学上补色作用，运用得非常恰当。全幅气息沉静，笔意高古，实为文人画之杰作。

东西经过了时间的沉淀、历史的淘汰之后，显得更加优秀而已。我们现在有比古人更多的机会接触历代以来的经典，而且我们是站在他们的肩膀上进行再创作，按理说看得更远也是很自然的事情。事实上我们现在虽然有种种的优势，但这些优势因为我们在崇尚技术的便利、效益至上的思想熏陶之下，这些优势反而成了我们向里看、去自省的障碍。真是成也萧何，败也萧何。我们面临的困境甚至比古人还要大，所以我们的努力付出还要更多。同时也是因为我们同处于一个时代的缘故，我们被众多的信息所包围，没有办法理性地分析艺术家和他们的作品，以致于我们借助于浮在表面的那些艺术家来界定整个时代的艺术家，自然就会得出今人不如古人的结论。

或许我们现在也有和古人画得一样好的画家，只是我们不能发现。尤其是在西方美术理论侵袭的今天，我们往往借助于西方艺术市场的一些标准来界定艺术家的成功与否，然后用中国艺术的历史标准再来审视他们的艺术创作，当然会得出非常悲观的结果。

《溪山行旅图》

范宽
北宋
绢本 墨笔
台北故宫博物院

范宽笔法如巨石岩岩，敦厚有质，有浩瀚宇宙之感，是以说“宽”也。

这不是艺术家们的过错，而是我们这些搞理论的人或者收藏家自己的问题。艺术家创作自己的艺术，无论他是被市场利益所驱动，还是来自于内心的情感，他都不需要承担太多的市场和历史压力，作为生产者，他的价值其实完全在于我们是否能接受和理解。一旦我们这些人的审美标准出现了偏差，我们淘汰了那些真正能带给我们美的享受的艺术家的同时，其实也是在断绝自己的后路。

神医扁鹊见到蔡桓公说，你生病了，要治。蔡桓公很不高兴，说我感觉很好，吃嘛嘛香，倒头就睡，没有病。他还对旁边的人说扁鹊的坏话，说这个医生就是喜欢给没有病的人治病，以获得功劳。其实扁鹊不是这样的人，蔡桓公才是这样的人，由于他本人的原因，使得自己的病一再延误治疗的最佳机会，等到病入膏肓了，才想起扁鹊来，但人家早已经跑到别的国家藏起来了。因为一旦一个人病入膏肓，神仙都救不了。这时候的蔡桓公再后悔还有什么用呢？人就是这样子，不到南墙不回头，只顾眼前的利益，而忘记了生活的根本。收藏热引导的收藏风气也是这样，大众参与收藏这个行业，说明这个行业有了问题，如果不及早治理，将来肯定会为此付出沉重的代价。

我们究竟要提出什么样的收藏概念才能保证收藏的正确性呢？就是把收藏的行为落实在明理之上。我们常说的“道理”其实是一个东西，“道”即“理”，“理”即“道”，从无的角度讲是“道”，从有的角度讲是“理”，所以收藏的目的就是为了明白道理。什么才是我们最需要的东西？有一位非常勇敢的将军，可以在万人中取上将首级，后来也喜欢上了收藏。一个前朝的瓶子，据说值很多的钱，他也非常喜欢，每天都是看了一遍又一遍。但是有一天风大，可能类似于北京的沙尘暴，风沙俱下，导致没有完全关好的窗户忽然开了，一下子把瓶子从架子上扫了下去。幸亏将军当时正好路过，一个箭步冲上去，接住了，但也吓出了一身冷汗。他就想当初在万人中来回游荡的时候，宛如闲庭信步，一点心惊胆战的感觉都没有，为什么今天接这个瓶子反而是吓得全身冒汗，心跳急剧加速呢？经过深思，他明白了，原来在万人中战斗的时候以我为主，敌人再多都没有什么关系。现在搞收藏成了为它服务，结果丧失了自性，当然就显得下根不稳，容易心慌了。将军想明白了，就把瓶子扔到脑后去了。贪欲是收藏的最大敌人，我们需要什么就收藏什么，不需要什么，就没有必要去搞这个，为了收藏而收藏，其实就是为了一个贪欲。

当初王阳明如果不把自己的人生目标定在做圣贤上，没有去格物致知，了解明晰世界万物之间的理，把握其运作的脉络和规律，怎么可能刚正不阿？怎么可能以一个书生的身份带兵平乱，百战百胜？所以收藏的第一问题不在于藏品的鉴别，不在于市场的混乱，不在于艺术家的难以认清辨别，更不在于资金的多少，完全在于你能否把你收藏的目标设置在明理这个层面上。果真如此，那么适可而止地接触收藏，你无论如何都不会失败的。

第二节　收藏的行为要节制

在第一本书里，我们讲了《聊斋志异》中那个为了收藏一块石头自损三年寿命的故事，其实这个还算轻的。春秋时候有个国家的国君知道自己的弟弟有一块宝玉，就派人去要，弟弟开始不给，后来后悔了，说周朝的谚语说过："匹夫无罪，怀璧其罪。"我不能因为吝啬而招来祸患。于是把玉送给了国君。国君听说弟弟还有一把宝剑，就又派人去索取。这下弟弟不干了，说这是贪得无厌的人，没有办法填满他的欲壑，于是带兵造反，把国君赶走了。这个国君就类似于现在搞收藏的人，贪得无厌，根本不了解藏品的内涵，只是一味地强调占有，而占有欲太强，就容易出问题。这个道理古今中外都是真理，不用特别说明。

所以收藏出现了问题，不要第一反应去责怪那些商人，更不能将所有的罪过都交给那些靠造假贩假生存的底层人群，相对于那些操盘进行赝品买卖的人，他们真的很可怜，也很无奈。生活是一首古老的歌，你接受它快乐的时候，也得聆听其中的苦痛。而且收藏是一个私人的事情，没有人强迫你去收藏假的，、低劣的东西，所以首先还是怪自己的眼光和立意不对，否则我们单从古人说的一个严格的标准“宁可以人传画，不可以画传人”来收藏字画，都不至于搞得头破血流。在艺术至上、效益至上的两种人看来，这个标准绝对是不准确的，但对与人为善、幸福和谐的人来说，这个标准却是一个金标准。道德品质好的人，即使他的东西不是很好，但因为这个人好，爱屋及乌，所以他的东西一定不会没有价值。道德不好的人，即使他的东西很好，但因为大家都鄙视他，恨屋及乌，所以他的东西一定不会有多大价值。这一点我们在第一本书里已经讲得很透彻，不需要在这里重复了。

除此之外，实际上我在采访过程中还得到一个金标准，就是“画品即人品”这个概念。任何艺术品，只要是原创的作品，作者的心态、情绪、品格都会在作品中展现无遗，只要会看，不是太笨的人都会从绘画作品的线条节奏中分析出来。这个不需要什么特别的修行，只要多看就能明白。所有的赝品也是如此，除了印刷的东西你没有办法靠眼睛甄别之外，其余的作品，哪怕是赝品，你都可以甄别出来。前提条件只是你不要在甄别之前存太多的功利心，想着万一是真的，我就发了。这个想法最害人，侥幸的心理会让人铤而走险，没有节制的冲动会害死人。那些随便违法乱纪的二代并不见得就有多么坏，关键还是在具体行为上缺乏足够的节制和被节制，被一代们宠坏了，以为天下老子第一呢。这种行为在古代就有。汉武帝的时候有个托孤重臣上官桀，他的儿子叫上官安，就是个典型的二代，因为他的女儿是皇后，所以他跟皇帝喝完酒，回家不说跟皇帝喝酒了，而是说：“跟女婿喝酒了，很开心！”。他的儿子死了，就指着老天爷骂，很牛。结果因为谋反被灭族。人的生老病死都是平常的事情，怎么能不反省自己骄奢淫逸导致家族不幸，反而狂悖无理呢？真是自作孽，不可活。收藏也是如此，一旦收藏失败，只是怨天尤人，却不从另外的角度去找寻失败的原因，从而节制自己的思想和行为，避免出现大的祸事，包括收藏失败。

之所以不会出现收藏失败，是因为有节制的人会很讨厌没有节制的艺术。而造假的艺术本身就缺乏节制，那种透出虚伪的节制更加让人受不了。魏晋时期的钟会也算是一个名士，自己也喜欢搞搞文化，但去拜见嵇康的时候，嵇康并不搭理他，还是自己打铁玩，向秀在旁边拉风箱也不说话。钟会闹了个没趣，尴尬地转身要走，嵇康就问他，你是干吗来的啊？看见啥了啊？这说明嵇康这个人还真是不错，还想点拨一下。结果钟会却记仇了，最后害死嵇康的主谋之一就是他。所以啊，人心一旦坦诚如明镜，什么妖魔鬼怪都能照出原形来，你根本不用担心是否能辨别藏品的真伪，还是多考虑修养自己的道德，节制自己的欲望更好。

孔子说："于止，知其所止，可以人而不如鸟乎？"麻雀知道自己要什么，所以不羡慕横越地球的鲲鹏，觉得没有必要。虽然这是小知和大知的区别，但对麻雀来说，甘于自己的生活方式，不想冒充大知，其实也值得赞许。而有些人不是这样，总是觉得自己最牛，总是怀才不遇，比陶渊明还有文化。想起一个例子，说某学院一位老先生出了一本书，叫什么诗稿，在学院的主持下开了一个讨论会，会上一位博导就说，我觉得 Y 先生的诗比陶渊明的诗还好。所幸的是，Y 先生自己很谦虚，并没有这么认为，否则的话就真的是无语了。我在书店里看见一个人买书，真的是很有钱，但买什么书却不是自己做主，而是在书店销售员的指导下买了一本又一本，一套又一套的书，我不知道销售员是否懂得书画收藏，但看他推荐的书都是又贵又空的大部头书，不免有些感慨。其实爱看书、想看书的行为是值得我们赞许和鼓励的，但书是好是坏，自己没有时间读，或者没有能力读，就先放一放，等明白了其中的奥秘再说。非要那么着急地搬回自己家，又有什么意义呢？当我把这个故事说给朋友听时，他就笑了，说你不知道世界上还有一种人是为了装点门面买书吧？自己不懂，但书架上要有书，而且还得是看着很高级的书，于是就有一种书，名字叫"礼品书"。对于这些人来说，他们基本上追求的就是个门面，而不是实质，欲望对他们来说是动力，没有办法告诉他们知止的重要性。

人总是很容易就走偏，这个连圣人也不能免俗，比如王阳明被“格物致知”这四个字触动之后，就跑去格竹子，试图明白其中的道理，三天三夜不吃不喝，以致大病了一场。不知道这个“格”就是“去除”的意思，把眼中的“竹子”去除，把心中的“竹子”去除，把意识里的“竹子”去除，何其艰难。《大学》中说：“视而不见，听而不闻，食而不知其味，此谓修身在正其心。”心正所以能意诚，意诚基本就近于道的境界了，所以不是什么人都能了解和达到的。但我们可以一点点去做，能做一点是一点，不必有什么负担。这样做虽然不一定就能成为圣人，但成为一个好人则是必然的。对于收藏来说，这个程度已经足够了。

我们在这里说的“有节制”，并不会因为对方是什么职业就会有所选择，它是一个普遍的标准，可以因为职业的不同而变化，但本质却是一种“无为而无不为”的文化人士。无为就是有节制，有了节制的人做什么，我们都会支持，因为他不为已甚。一个收藏家不为已甚，就不会无聊地去炒作，把心态搞得唯利是图了；一个鉴定家如果不为已甚，就不会为了钱出具假的鉴定证明了，书画市场自然就会清晰很多；一个艺术家如果能不为已甚，就不会毫无廉耻地吹捧自己的作品是无上神品了，而是会踏踏实实去学习，我们就会看到更多更好的艺术品了。所以不用在意职业，而要使自己有所节制。不过内心的自我节制只是节制

《夏景山口待渡图》（局部）

董源
五代
绢本　墨笔
辽宁博物馆

董源用笔温润自如，宛若江南春雨滋润山川，故其画得生机勃发之状也，千年后读之犹觉氤氲清新。

的一个方面，或者是最高级的方面，还有另外一个方面，就是外在的节制对于收藏家来说更为重要。

每个人心里都有一个魔鬼，它就是冲动的欲望，完全指望自我内心的压制有时候会显得苍白无力，毕竟这个世界上的善恶交战从来就没有停止过，魔鬼的加持力也非常之大，而且一个人更容易被这个声色犬马的世界所诱惑。汉朝的马皇后自小处于父亲受冤而死、母亲病体难支的境况，她一个11岁的女孩子洒扫应对，支撑着一个大家庭，从容自如，以致外人在很久之后才了解这么大的一个家是由她来支撑的。后来她成了皇太后，有人上书请皇帝封马皇后的弟弟官位，她不允许，说富贵并不是好事，读书明理才重要。她的弟弟们虽然得到了封赏，却没有什么实权，从而能安稳过了一生。相比之下，那些大封自己兄弟亲戚的人大多落得全族抄斩，家破人亡。老子说“福兮祸之所伏，祸兮福之所倚”，就是这个意思。中国书画传递的文化精神并不是索取，也不是显摆，而是一种内敛、自省以及节欲。

现在我们应该能理解为什么古人对艺术的品评是逸品第一，神品第二，能品次之了吧？唐代张彦远说“成教化、助人伦”是艺术品的作用，对收藏者来说，其实就是建立一个有节制的思想体系。也许有些艺术评论家和艺术家会此不屑一顾，认为是腐朽没落的文艺理论，却不知道这是发自心性上的文化认识，只要人性不灭，它就永远有效。

“逸”就是“逃逸”，逃离名缰利索，自我节制。喜欢这样作品的人都是有自我节制能力的人，而不是贪得无厌的人，因为非如此，他不会与这样的作品产生共鸣。到一个人家里，看这家主人的品质，从墙上挂的画就可以看出来，喜欢什么，不喜欢什么，都是一览无余的，还需要什么特别的途径吗？

办公室因为要保持低调，所以肯定会有所保留，但家里却是一个私密的空间，艺术品就是家庭的成员，它在宣示着什么思想，都在无时无刻地滋润着家里的人，影响着他们的选择。一幅节制欲望的作品挂在那里，工作累了回家，坐下欣赏一番，会觉得有人在跟你说话，跟你解释工作中的所有利益得失其实都不过是过眼云烟，可以放松心情，减少愁苦，这样你就补充了自然之力。一幅刺激欲望的作品挂在那里，整个人就得不到休息，工作是为了欲望，休息的时候还在与欲望相伴，整个人就像一个时刻绷紧的发条，永远也停不下来，只能是跑啊跑啊，一直到跌倒的那一刻。有的人闲不下来，所以他喜欢刺激欲望的作品；有的人希望能有个安静的精神世界，所以他喜欢节制欲望的作品。谁高谁低，其实没有必要断言，我个人则喜欢节制欲望的作品。

家长告诉孩子，你要好好做人，做个孝顺的人，结果自己却喜欢那些刺激的、反伦理的行为艺术，孩子会相信你的话吗？家长告诉孩子，你要好好学习，做一个有文化的人，结果自己却接触交往那些没有文化意识、行为粗鄙的艺术家，孩子能相信吗？家长告诉孩子，你要遵纪守法，不能耍流氓，结果自己却在家里挂着猥琐不堪的作品，刺激人的欲望，孩子能相信吗？很多人都在鹦鹉学舌，妄自评论说中国人的信仰危机到了极限了，我就想问他，你信仰的是什么呢？自古以来，所有的道德教育都是自上而下的，没有出现过自下而上的顺序，这是自然规律。《大学》中说："尧舜率天下以人而民从之，桀纣率天下以暴而民从之，反之而民不从。"一味地把信仰缺失的责任转嫁给普通大众，这实在是一个没有文化信仰的人所做的事情。前几天报纸刊登了一个人因为哥哥出了车祸，成了植物人，他就去学按摩，因为医生说做按摩可以帮助他哥哥恢复。他为哥哥每天按摩三次，坚持了十几年，终于让哥哥醒了过来，还能扶着墙走路了。医生都不禁说是奇迹。而他很淡然地说，这有什么，兄弟如手足。手足之情就是我们中华民族的文化信仰，是"孝悌"之中的"悌"。这是我们的信仰，在普通百姓心中从来没有丧失过，所谓的信仰危机只是上行下效的一种自然表现。追求GDP的经济效益，追求无节制的利益，这种政策执行之下，再去要求普通人做道德高尚的人，实在是太矛盾了，关键是道德高尚的人绝对完不成那些既定的增长任务和指标。

问题的关键是我们现在应该崇尚一种什么样的文化，什么样的价值观，这才是最重要的。对于这个问题，也许我们可以从下面这个例子中得到些启发。扬州盐商马曰琯和马曰璐兄弟，祖籍安徽，后到扬州经商，成为大富之人。与一般富商不同的是，他们利用自己手中的财富，积极支持文化事业，与当时的许多文化人士交往频繁，帮助许多文人渡过难关，如郑板桥、厉鹗等。著名学者厉鹗所以能够写出《宋诗纪事》，与马氏兄弟的资助密切相关，所以厉鹗才会说"幸好古君子助我焉"，一语道出了兄弟二人与他的互尊互重之情。"君子"是对马氏兄弟的最高评价，作为商人，能达到如此境界真是十分了不起。对此，著名学者阮元曾经写道："玲珑山馆凝香尘，剩有丹青尚写真。万卷图书三经客，而今不复有斯人。"我们常说的一句话：君子有所为有所不为。所为，其核心当是对仁义的推崇、实践。所不为，当是一味追名逐利，舍本逐末。遵循这样的原则，怎么可能不留名青史，受人推崇呢?!

同样是商人，古代徽商可以建高楼，过上幸福快乐的日子，但他们也没有忘记族人的穷困，所以大多都建祠堂，兴办民学，照顾鳏寡孤独，使之老有所养依，幼有所成养。甚至有的地方一个家族的力量往往会集中在几个杰出的孩子身上，从而使之出人头地之后，再回报家族，继续培养下一代。这种情况并不是我随便阐释，实际上是美籍华人、著名历史学者何炳棣在回忆录中的记述。何炳棣就得益于这样的文化体制，才能从一个比较贫困的家庭中走出来，成为著名的学者。当然，他也在成名之后资助和帮助过其他族人。这个时候，对于孩子的道德培养就显得十分重要，一旦出现一个过河拆桥的人物，整个家族的希望都有可能落空。因此，这样的培养体系或许因为重德育而变得比较缓慢，但它可靠。中国画虽然不是那么光鲜夺目，但它耐看，耐看的原因就是它对应的是这种文化。除非收藏家认为我们的文化已经走向穷途末路了，我们不需要孩子孝顺，大家应该各顾各的，那么这种艺术在中国一定还大有市场，并且具有永远的历史价值。

中国人对于书画艺术的期待当然不仅仅局限于艺术形式的视觉冲击力，而是更看重书画艺术所能体现出来的社会教化作用。例如古文的"美"字，在《说文解字》中解释为"羊大为美"。原因是羊大了才肥，吃起来才可口，感觉才美。这说明中国书画艺术的重要性并不在于其自身结构和理论的思辨性，而在于它们的精神在社会生活中的实践。孔子说："始吾于人也，听其言而信其行，今吾于人也，听其言而观其行。"从这个角度看，崇尚艺术技法的完善、视觉冲击力，以及艺术之独特魅力等理论的说法，对中国文化来说，早就已经是过去时了。

总之，在“人品即画品”这个判断里，我们要看到双方面的节制欲望的需求，一是生产者；二是消费者，只有在这样的文化风气中，才能产生良好的收藏认识和风气。作为中国人，虽然不应该闭关锁国地盲目自大，但更不能数典忘祖，以攻击自己的文化为乐事，甚至以此获取不正当的利益。收藏之所以不像收藏，其根本原因就在于此。

第三节　收藏的心态要平和

前一本书已经讨论了这个问题，但却是有些迷信的色彩，想来被科技主义贯彻教育了的人未必能够认可。其实天下的道理正说反说都不重要，关键是你说了之后的效果是否满意。也就是说过程只是过程，结果才是需要。很多人说自己的生活在于享受过程，因此大家都拼命追求刺激、消费，可是为什么当初凯撒每一次成功归来，总是安排一个老奴隶在他耳边不断地说，所有的一切都是过眼云烟。这有点像越王勾践的卧薪尝胆，假使人生真的在于享受过程，那么刘禅远比诸葛亮要伟大得多，这可能吗？所以人生最重要的是结果，是我们最终获得了什么。那个背着漂亮姑娘过河的老和尚不会在意过程，而只留心当下的实在。古人说得好，一个大臣进谏的建议多好都不是关键，而是你进谏的方式能否得到回应。更重要的是如果得不到对方回应，不应该埋怨对方不识好歹，而应该反省自己进谏的方式、语气等等是不是出了问题！

这就是孔子说的“反诸己而求诸人”，什么事情如果多从自己身上找原因，肯定会心态平和，淡看得失，于收藏更能淡定从容，进退得宜。

当我们看着众多指责艺术市场混乱，指责艺术家不负责任，没有文化责任感的文字时，不免就会歪着头想想，收藏家是出于什么样的心态而作出这样的指责呢？首先肯定是一个“我是上帝”的感觉。顾客就是上帝，这是商业社会中最常见的金标准，说穿了就是有奶便是娘。但收藏家如果真的以为自己是艺术市场的上帝的话，至少在中国是行不通的。对于这个问题，年前写国际艺术市场时，我就跟同学探讨过这个问题，得出的共同结论就是文化是每一个民族的特色，只有在这个民族的地理、社会、人文等诸多因素融合在一起的环境中才可以真正落实，任何不切实际的嫁接和移栽都不能真正地反映它的本质。所以中国艺术市场要想在中国繁荣发展，必须服从于中国艺术，尤其是中国传统书画艺术的一种与西方截然不同的概念，就是收藏家在这里是一个受益的整体，他们如同艺术市场中的其他部分一样，必须依赖于艺术家的创作才能生存。这是一个文化话语权的问题，商人如果有了文化方面的话语权，由于他们的私心杂念比较多，很多东西都容易急功近利而变得肤浅和不值得一提。偏偏文化的发展最要不得的就是着急和功利主义，这一点只有文人，真正的文人才能做到。只有在那种悠闲的状态下慢悠悠玩出的作品才具有高品位，只有那种在激烈愤怒的情景下无处发泄而写下的作品才具有感染力，无论悠闲还是激愤，它们都是无功利的，至少在创作的时候没有这样的一丝想法，因为功利的心越少，绘画的水平越高。这样的作品收藏起来才有历史感，才能传承文化命脉，至于利益，那只是一种枝叶式的收获了。

当然，如果收藏家能充分贯彻我们在前两节讲的精神的话，在这一节里讲的其实就是一种重复。因为修养越高的收藏家，其心态越平和，就跟官当得越大的人，其对人越平和是一个道理，只有那些水平一直不能有所提高的人才会趾高气扬地去指挥别人，外行领导内行，任何企业都不能做好，何况是关乎精神完善的书画艺术呢？有钱人觉得自己富贵了，因此觉得有了傲人的资本，却不知道所有的富贵荣华其实一夜之间就会变得虚无，或者总有比你更富贵的人，而只有知识谁都拿不走。有一次去书店买书，门口的大姐正在跟人聊天，说教育自己的孩子要好好读书，因为只有读书上进才是不可比的，一旦拥有，可以永远追随你。现在的富人却不是这样，总觉得自己很牛，牛啥呢？以这样的心态去搞收藏，不骗你骗谁呢？那些假货大多都是被这样的人收走了，还沾沾自喜地去跟人显摆，跟这样的人谈收藏，一点感觉都没有，还是随他们去吧。

一般来说，造假的书画艺术品基本上流通不到画廊这个层面，而大多是被刚入行、热情澎湃、自信满满的老板买走的。虽然开始时他们也假装谦虚低调，或者请有文化、有学问的人做参谋，但往往还是按捺不住冲动，看到一个名家的作品连连被人举牌，自己再不动手，恐怕就晚了。其实那都是别人做的局，造假的人往往会找几个同伙，在拍卖会上来回举牌，就是互相要价，要到一定的高度，一旦有个冤大头进场，这个局就做成了。这跟马路边说你中奖了的骗局差不了多少，只是在拍卖会那个激烈的场合之下，很少有人能分清楚。不过这种骗局只能骗那些心态不平的人，骗不了心态平和的藏家，他们会耐心地等着自己看中的拍卖品叫价，然后出价，一旦高过自己的预期，立刻放手，绝对不会再留恋。这样的人太冷静了，骗子想骗他的钱真的很难。不过在收藏界，被骗钱其实还是小事，既然出来做这个买卖，被骗应该也算是一个长大的过程，关键是如果老是被骗，名誉上的损失受不了。收藏家也是文化人，文人一旦写篇不好的文字，一辈子的清名就会受损。好事不出门，坏事传千里，自古以来都是如此，收藏家收藏东西怎么可以不谨慎呢？

谈及心态平和，这只是一个概念，怎么样能保证心态平和才是问题的关键。除了前一本书和前面讲的那些地方，我们在此要着重强调几点。

首先是要低调。无论你的最终目标是不是要超过张伯驹、王世襄乃至李嘉诚这些人，但在这个过程中还是要低调为主。收藏不是为了超越别人，而是自己去玩，玩得好，玩得舒服，然后才能笑傲他人，否则很容易没有学好，反而被别人讥笑。当然，低调不是要求收藏家不进行交流，而是说要采取谦虚谨慎的态度。一个朋友总是说他刚参加工作的时候，大哥跟他说要“多听多看多学少说话”，这个标准同样适合刚入行的收藏者，而且更要坚持住，因为一旦损失，就是个人损失，不像那些国营单位的人可以由国家去帮他缴纳学费。同时在文化领域，文人自古相轻真的是一个非常普遍的现象，你一旦进入这个领域，就会遇到各种不同的观点，假使你还没有分清楚哪一个是对的，就急于表态，那些修养不高的文人就会群起而攻之，让你最终连一点收藏的信心都没有。而且现在有一些有知识没有文化的人高居显要的位置，一旦你得罪了他们，那么很多的平台就会丧失，收藏的机会就会减少，虽然我们说并不在乎这种障碍，但是多一事不如少一事，人生还是比较顺畅才更让人欢喜。总之，低调就是放下身段，好好做人，好好学习，收藏就是一个学习做人的过程。这个道理很多收藏家不明白，以为自己有了几个钱就可以趾高气扬，其实是在自毁前程。文化圈和商业圈不一样，它有足够的历史标准来衡量你的价值，而且，属于精神世界的东西离这个世界越远，它越显得珍贵，而你越谦虚，就越能理解它的真谛。

其次是要虔诚。虔诚是对这个行业所代表的文化内涵的尊重。对于收藏家来说，很多人说心态就是玩，没错，就是玩，但同样是玩，小孩子玩过家家全心全意，以幻为真，这就是真诚。同样的道理，对于真诚的藏家而言，藏品的好坏在他们的心里，至于那些外相的炒作，大师的光环都不在考虑之中，这样的收藏心态可以说无往而不胜，因为他根本就不在乎胜负，就是好玩，这才是真玩。有的人三心二意，玩游戏的时候想着胜负，玩过家家的时候想着未来，美其名曰“以幻修幻”，实则是脚踩两只船，这样的人是做不好什么事情的，更不要说文化含量很高的收藏行业了。

这里举个古代的故事，说有个人非常淳朴，对于任何事都抱着非常厚道的想法。有一次过桥的时候，有人就骗他说水里有珠宝，谁捞上来就是谁的。他二话不说就跳了下去，众人哈哈大笑，说他真够傻的。结果他出来之后，众人都不笑了，原来水里真的有珠宝，还真被他捞到了。后来有一家失火了，有人又骗他说，只要你能抢救出财物，肯定会得到很高的报酬，他就冲进火里，来回搬运东西，火那么大，他竟然也没有什么感觉，感觉不到害怕，也感觉不到炙热，直到所有的财物搬出来为止。这家主人高兴坏了，真拿出很多东西感谢他。后来他也有点想法，是不是大家都在逗我玩呢？这么一想，结果就再也没有原来的那种境界了。人就是怕私心杂念，一有了这样的想法，连俗物都不待见你，何况是珍贵的书画艺术品呢？

所以同样是玩，虔诚心决定了最终的结果。不要照猫描虎，存侥幸之理，以为自己的聪明智慧足以在收藏界呼风唤雨，实际上这个行业和其他商业类别还是有很大区别的。关键在于必须加强自身的文化修养，提升自己的文化认识，从而完善自己的文化价值观。这与商业领域内基于“低买高卖”基本原理的一切标准都不同，基本不在于你的人际关系有多广，不在于你的权利有多大，金钱有多少，完全在于你的一念之善。事实上三军可以夺其帅，匹夫不可以夺其志，在文化精神面前，金钱和权势都没有什么特别的意义和价值，这才是收藏的真谛。至于那些采用用商业手法在收藏界胡作非为的方式，只是一种“高级”

《清明上河图》（局部）

张择端

北宋

绢本 设色

故宫博物院

张择端以界画笔触写汴河生活百态，游刃有余。此局部为虹桥特写，人物生动，造型准确，透视严格，可见古代绘画者不写实的原因不是因为不能，实不为也。

《溪山兰若图卷》

巨然（传）

北宋

绢本 设色

巨然与董源齐名，为僧人，故有此图曰溪山兰若图，兰若是梵语“阿兰若”的简称，意即寺院。频叠的矾石和不多的苦点乃巨然遗法，披麻皴及衍生的其他皴法令山川温如，表明画家之心性淡然自如，不拘泥于形式也。

的买卖行为和商业炒作，跟收藏有什么关系呢？

再次就是淡定知止的态度。“民国四公子”之一的张伯驹，家里有钱，但身逢乱世，没有地方可以寄托情怀，只能靠收藏来获得精神安慰。他说：“予生逢离乱，恨少读书，三十以后，嗜书画成痴，见名迹巨制虽节用举债，犹事收藏。”任何东西，上瘾总不是好事。收藏本是个人雅兴，如果因此使生活陷入困顿甚至生命都受到了威胁，就已然失去了收藏的乐趣，所以“淡定知止”应该是收藏时所应有的态度。我在上一本书中谈及这个问题的时候，画廊老板非常明确地说，人们为什么要收藏字画，在我而言，什么欣赏美感都不重要，关键是以后我的孩子遇到困难的时候能拿出来换钱用。我已经遇到很多这样的情况了，老干部，清廉了一辈子，老了就想着卖掉自己手中的画，给孩子买套房子结婚。可是画是假的，或者根本不值钱，有时候就很替他们难过。从这个角度看，《大学》上说：“人之其所亲爱而辟焉，之其所贱恶而辟焉。”基于一种比较肤浅的占有欲而收藏的人自然不必讨论，基于所谓的文化使命而收藏的人其实也不值得过多赞许，而是那些真的理解了收藏品的文化意义，是“仓廪实而后知礼节”的一种雅兴。生活幸福在于有所节制，连自己家人的幸福生活都不能保证，还谈什么文化责任和使命感？当代最大的收藏家，我个人觉得吴湖帆先生算是其中的一个。相对于张伯驹来说，吴湖帆先生不仅手头功夫好，而且眼力也好，最重要的是他对于藏品的消费和享受是别的人没有办法做到的。一个藏品要被消费和享受，收藏家的收藏才有意义，否则就是简单的占有欲和升值投机欲，是没有必要和这样的人讨论收藏的意义和价值的。

第二章 论画家

中国绘画作为一个人的想象世界，是画家个人性情的风格特征，它早早地突破了“绘画是一种客观描述语言”的束缚，成为文人闲暇时候游戏人生的一个玩艺。画家在创作的时候因为自己有足够的话语权和自由空间，所以即使是在市场决定一切的时代，目击者也不可能比创作者更有发言权，这是中国书画艺术的特点，任何人都无法改变。

第一节 看清楚画家

有朋友想做文化基金，征询我的意见，希望我跟他们说说文化市场方面的情况，主要是应该收藏什么样的画。有人提问，说您能不能告诉我最快捷、最安全的收藏方式呢？这让我想起某著名画家讲的故事：他去给一群有钱人上艺术欣赏课，刚讲到“气韵生动”，就有人站起来说，老师，你说的这些我也不懂，不如你就直接说说我们该收藏什么样的画，买什么人的画吧！著名画家谈及此事仍然不免痛心疾首，我倒觉得无可厚非，因为有钱人关心的就是这个，跟他们谈文化，还是要有充分的心理准备的。

收藏是个细水长流的事，要慢慢培养兴趣和眼界，快餐式的成长方式几乎没有，但倘使还能有一种最快捷、最安全的收藏方式，莫过于研究书画艺术家本人。从他的家世、家庭状况、就业经历、思想发展、艺术评价等方面入手，就可发现端倪。这不是我个人的发明，古人早就有过这样的论述，只是现代人并不注意而已。古人说：“宁可以人传画，不可以画传人。”这至少是古代收藏界的一个金标准，而今天似乎很少有收藏家注意到这一点，因为他们更注重市场的现实利益，忘记了收藏本身不是买卖，它所涉及的书画作品一旦放在较长的时间段里，自然就会出现人品重于画品的现象，而这是不懂画的人收藏的最佳切入角度。所以说，对一个书画艺术家的深入了解是最快捷、最安全的收藏方式。

一般来说，看画家主要是看五个方面的内容：画家对父母师长的感情；画家对兄弟姊妹配偶的感情；画家如何对待朋友；画家怎样看待学生；画家的文化素养。父母师友涉及家世和传承，对于画家的心性的影响是不言而喻的，很难想象一个对父母不孝、对老师不尊重的画家会产生很大的影响。创新本身没有问题，但建立在否定前辈和师长的成绩之上就有问题了，这样的作品一般不建议收藏。至于对待兄弟、朋友、学生这些方面也很重要，因为这些人是画家比较亲近的人，画家对他们都不善待，他可能善待艺术吗？对配偶也是如此，自古以来“糟糠之妻不下堂”就是一种美德。古人说“文如其人，画如其人”，如果画家连这个基本的道德规范都达不到，有了钱就换老婆，如同换件衣服，则他的艺术品一定有这样的信息，换老婆、换房子、欺师友等等，那么即使所谓的技艺精湛，也不会有什么历史生命力。我很难理解为什么会有人收藏这类人的作品。

具体来说，一个艺术家的身世包括他的家庭教育和师承关系。所以

《关山行旅图》

关仝
北宋
绢本 墨笔
上海博物馆

人云："其画上突巍峰，下瞰穷谷，卓尔峭拔者，能一笔而成。其竦擢之状，突如涌出，而又峰岩苍翠，林麓土石，加以地理平远，磴道邈绝，桥杓村堡，杳漠能备，故当时推尚之。"

我们不要奇怪为什么著名画家范曾先生那么在意自己的家世，作为范仲淹的后人，家族的荣誉感自然而然地会进入画家本人的潜意识，从而使之在艺术领域的创作中，至少表面上也有所节制。我的同学给我看过他写的一篇小文字，说是应景写的，其中写了一个细节，就是范先生看学生画展，停在某幅画前，忽然说这幅画不好，因为人物的眼睛有问题，是斜视。斜视的人心不正，所以画就不会让人欢喜。通过这个事至少可以看出范曾先生的认识还是依照传统文化标准来界定的。同时我的同学还说，无论如何，范先生的绘画题材还是传统正面的形象多，并不求奇搞怪，对于书画正道还是无限向往的，因此他的画自然有自己的价值，不应人云亦云，随便否定他的艺术贡献。

我们不是在提倡老子英雄儿好汉的封建思想，只是在中国特殊的文化体制内，这种情况是比较重要的。比如一些过世的大师，往往他的后代的作品会相对地值点钱，比起那些白手起家的人总是多了一份便利。这个情况在古代尤其明显，著名的父子画家案例随处都是，比如阎立本父子、李思训父子、米芾父子、马远父子、文徵明父子等等，显然不仅是因为气质上有所秉承，在学习上也有近水楼台先得月的便利。另外一个重要的原因是，如果后代有比较有出息的子弟，那么大师的技艺或者理论就会有延续的生命力，不至于因为人亡政息而影响力有限。比如郭熙如果没有郭思，米芾如果没有米友仁，他们的艺术影响就会有极大地消弱呢。只是很遗憾，人富贵了就容易变得耽于享受，俗话说富贵不过三代，因此画家有钱

《关山行旅图》
（局部）

关仝
北宋
绢本 墨笔
上海博物馆

古人曰："盖仝之所画，脱略毫楮，笔愈简而气愈壮，景愈少而意愈长。"。

之后，儿子或许因为资质及早年跟着受穷等原因，还不至于抛弃家风，但到了孙子一代，就很难说了。当然，像南宋马远家绘画的才能传了数代，几乎贯穿南宋整个时代，那又当别论了。另外需要注意的是，自古以来造假的大户之一就是画家的家属，因为他们的造假往往有很多便利，比如印章、用纸、环境等，都具有其他人无法比拟的优势，这又是看画家家世的一个要点了。

还有学生。古代人把学生看得很重，几乎等同于自己的孩子，学生也很尊重老师，视老师如父母，一日为师，终身为父。一旦做出违背师道的事，这个人基本上就是一个坏蛋。不过，鉴于孩子有时候不可靠，自己的孩子也没有办法自己教育，得天下英才教之又是人生至乐之一，那么把学生培养好，对自己的事业和身后之名也很有帮助呢！虽然有些学生会背叛师门，但一来老师本人的做法也许有欠妥之处；二来毕竟大多数学生还是很好的。所以，大师们的学生就显得非常重要，这也是绘画讲究师承的原因吧。当今一些大师之所以还光环耀眼，跟学生都在要害部门有很大的关系。当然了，其实这是一个相互扶持的关系，老师带给学生名誉，学生给予老师实惠。古代的例子比如金农与罗聘，金农的很多画都是罗聘画的，可以卖高价，否则单以罗聘的名声并不能卖出呢！近代比较明显的是吴昌硕和王一亭等，都是这样的关系。这种关系的基础是"道"，诚如韩愈说的"吾师道也"。明代的陆师道官高位重，却从学于文徵明，别人就表示怀疑，以为他故意为之，他却说"先生以艺藏道者也”，并没有任何的怠慢之心。

如果收藏家真的不懂画，那就看人吧。首先是找那些对父母老师充满亲情感恩的画家作品，其收藏的价值要远在其他画家之上。这是一个历史规律，或者说是一个理想状态下的模式，而不是简单的伦理说教。因为在范仲淹和秦桧之间，相信只有那些悖理忘恩的人才会选择秦桧，绝大多数人还是会选择范仲淹的。任何艺术作品，其最终的价值应该在于彰显美的意图，完善我们的人性。而欣赏书画作品，提升道德水准是我们应该考虑到的基本原则之一。

一个艺术家的就业经历包括他的学习和工作的选择。“师傅领进门，修行在个人。”一个大师的学生有那么多，成功的却往往只有几个。老师教学生一般都是一视同仁，学生的成就往往跟自己的天分、努力和工作经历有关。著名的画家某和某是同一个导师的研究生，但一个更喜欢社会交往，一个更喜欢专心画画，结果两个人都成功了，一个官做得很大，一个画画得很好。只不过我们以收藏家的角度来说，做官大的未必就画得好，但当世的时候画价一定也不会低，所以可做短期投资；画画好的因为价格比较低，所以可以做长线，因为最终的价值和价格应该是统一的。不同的画家有不同的方式。例如，当和尚也是个很不错的创意，毕竟从“画僧”这个层面来看，很长时间以来我们缺少领军的人物，而对于宗教，我们又有着天然的好奇感和亲近感。从市场层面来说，这也是一种经营的策略。当然，一个画家的地位和工作性质也很重要，比如某著名画家的画价曾经因为谣传他要当美协主席而大涨，结果出来之后又大跌；某著名书法家曾经是书协主席，在位的时候作品价格很高，突然英年早逝之后，润格大降，这样的例子层出不穷，是现在艺术市场中的典型状况。所以做短期收藏的人一定要注意书画家社会地位的变化，对于他们的职位升迁有一个比较明确的判断，这跟股票市场的内部消息一样，一旦准确无误，就可以之前加大购买，之后高价售出，从而可以获得高额利润。

更俗一点的解释是：短期的书画市场和官场一样，看的是社会地位和名声，主要体现的是书画艺术家钻营炒作的能力。某画家蓄势复出，跟手下几个画廊、拍卖会的学生商量好，安排好媒体记者，布置好时间表，一步步彩排完，就去某拍卖会现场，等拍到画家的假画时，旁边的学生立即站立起来，大声说这是假画。拍卖会的人当然反唇相讥，你怎么能确定呢？学生即曰：画家本人在这里！著名画家随即站起，一言不发，拂袖转身而去，在门口接受已经约好的记者，问题都是事先设置的。这种炒作在中国也算是到了最高境界了吧？然而炒作越多，当官越大，书画艺术水平就会越低，这是必然的现象。因为当官之后要应酬很多事情，哪还有心思画画？何况自己很随便的创作都可以卖出高价，也就无所谓艺术了。更可怕的其实还是当了官之后，所有人都会说你的画好，听久了，大概自己也没有什么判断力了吧？

除了看画家本人对父母老师的亲情外，还要看画家本人的思想素养。一个艺术家的思想发展包括他的艺术修养和艺术认识。听到几个故事：某著名画家好色，人老心不老，到某地办展览，吃完饭去看场地，前面有姑娘婀娜多姿，不免有些心痒，顺手摸了几把，回头跟画廊老板说，看看，这个姑娘的屁股真漂亮。画廊老板沉默了一会儿，说：W老师，这是我媳妇。某画家媳妇对前来索画的画廊老板非常愤怒，说给了你们画你们就赶紧卖，当卖白菜呢？！凭什么给你画那么多，我家先生也不是奴隶。画廊老板不免反唇相讥，嫂子是没有看到J老师在我们那儿怎么花我们的钱吧？姑娘一边搂一个，一天换一次，那个时候怎么不说这些话。某知名画家在给某著名高校研究生班的学生上课的时候，说看书没有什么用，自己自从成名之后从来不看书。山东一个画廊的老板说曾经去某著名画家家里买画，是带着自己当过空姐的老婆去的，结果发现画家一直用幽幽的眼神看着自己的老婆，回来说以后再也不买这个画家的画了。这样的例子真的是太多了，只要在画廊坊间流连，就能听到各种各样的段子。

《五马图》(局部)

李公麟
宋
纸本，白描，墨笔
珂罗版藏故宫博物院
29.3cmX225cm

公麟画马，不惟得其形，亦致其神。笔简而意约，神完而气足，谓之吴道子之后一人而已，宜矣。

我们景仰的一位故去的大师，山水很好，其题跋内容往往是请人写好，然后自己誊上去的。其实我倒觉得这说明这位大师还真了不起，知道自己的短处，所以很谨慎。不像现在的某些书画艺术家，书法也不好，才气更是一般，但就是敢写敢题，这才是要命，要了画商的命，更要了画家自己的命。

琉璃厂原来有家画廊，刚开了半年就倒闭了，问其缘故？原来是买了一批年轻人的画，投资很大，相信水墨创新会有大市场前景，结果却成了废纸，卖不出去，画廊也倒闭了。这就是不明白中国书画艺术规律闹的，以为都是美院毕业的学生，肯定有市场。迷信美院比迷信大师还不靠谱，现在的美院教育实在是有很多问题。某画廊老板开店需要人手，面试某名校美术系的学生，问：知道“气韵生动”吗？答：不知道。再问：知道“四王”吗？再答：不知道。画廊老板当场被气笑了，说你们到底学的是什么呢？

宋朝的画家李公麟善于画马，问某大和尚，我以后会成为什么呢？和尚回答：你会变成马。李公麟大惊，为什么？和尚回答因为你总是在画马，意识就会跟马相接，死的时候投胎一定会投生到畜牲界。李公麟因此不再画马，改画神仙佛教人物。现在一些画家的画阴气逼人，让人感觉冷森可怕。某画廊老板说，这些人整天搞这些东西，一定会变成神经病的，同时对自己的身体肯定有影响。你看那个谁，才四五十岁，看着和六七十岁的人一样，就是阴气太盛，阳气不足闹的。因画识人，因人购画，最终还是要看跟自己的学识、修养是不是相契合，对自己有没有补益。

一个艺术家的艺术评价包括他对别人的评价和别人对他的评价。今天想听到真实客观的画家评价很难，除非像某画家偶然流露出来的调侃那样，他在某画家的研讨会上说，前几天，我参加了某的画展，说他的画是印花布，结果很多人都说我，今天我就不说这个话了。满座微笑。一般来说，画家捧画家是出于礼貌，别人找到你，不能不写，写就得说说好话，对下是提携后进，对上是尊师重教。况且评论家现在基本上都是收费作业，拿了人钱，就要做事，不能背信弃义，那样不好。再说任何一个画家的作品总是有些长处，抓住一点放大，你也不能说他说得不对，但真要按照这些画评的思路去欣赏画家的作品，那就是万劫不复了。有的人写评语比较聪明，总是露个破绽给读者，告诉他这是拿了钱写的，或者我原来的意思不是这样，不过这样的破绽除非文字高手，一般人很难看得出来。反正都是娱乐人生，相信这个判断的人自己吃亏也怪不了别人，还是自己文化水平不够。

你可以看他私下对画家的评价，这个就需要水平了。一些画家随便臧否当代的著名画家，人云亦云，这样的画家水平往往一般，还是那些比较能客观真实评价对手的人心态比较好，所以，他的画本身心态就好，收藏价值也高。在采访画廊老板的过程中，我就遇到一位梅先生，说起某画家评论某著名画家的作品来，说得不对，心里就暗自嘲笑这位评论的画家，说连画都看不懂，还能画出什么好画来呢？或许有人说还有排行榜、艺术指数之类的资料作参考。我想说的是，一来拍卖纪录有假拍，这些指数未必能清除；二来这个排行榜、指数本身也不太靠谱，存在暗箱操作的因素，这样一来，还是要靠自己的眼睛和判断才可以，毕竟靠山山倒，靠人人倒。

最后，如果不能接触画家本人，想了解他的思想和素养，那么就多参考别人对他的评论，反方、正方的都要看，然后看相关资料，看这个画家对相关评论的反应是什么样，大致就可以得出画家的修养程度来。只是这条路比较快捷，也比较凶险，一旦没有辨别出评价的真假程度来，就很容易成了以耳代目的俗人。不过向来都是有多大风险，就有多大快捷，真正多快好省完成的事情，大概是要靠命运来碰到的吧！

第二节　正法与传承的重要性

2012年，山东美术馆举办了一个名为“正法与传承”的展览。所谓“正法”，就是以传统的中国文化精神为落脚点的理论和实践的方式，“传承”指的是后人站在前人的肩膀上为后人的后人又做了些什么样的贡献。历代以来，大多数民间技艺和工艺都有“传子不传女”的概念，虽然大多是基于利益得失的考虑而显得气局略小，但也不能排除对于前人的技艺具有精神依赖和信仰的群体还是更多地来自血脉的联系。因为只有自己的直系亲属在传承上代的文化样式的时候才最有可能保持其中的传统，任何一个技艺，首先是继承和保护，然后才能发展。就怕因为利益的追求而急于抛弃或者变化前辈的方法方式，以致于还没有来得及领悟上一代文化遗产的精华就急于判断和革新，从而使文化的发展受到不必要的伤害。

古人对于书画技法似乎没有这个概念，从来没有听说某家的皴法或者技法被当成一种牟利的工具而不

《晋文公复国图》（局部）

李唐
宋
绢本，设色
美国纽约大都会

此图的箴规作用一看便可明白，乃激发南宋君臣不怕艰苦，不计荣辱，为复国而努力。本图处理疏密有致，线条的粗细、曲直、虚实、轻重的变化恰到好处。画家描绘的人物服装并不带有明显的宋代风格，而是尽力去复原春秋时的人物。

让外人学习，因为书画对古人来说等同于文艺思想，唯恐遇不到真正有才华的弟子来传递自己的思想，哪里还会有狭隘的门户之见呢？例如当年任熊看到造假画的任伯年，任伯年遇到落魄的吴昌硕，吴昌硕面对年轻的潘天寿，都有一种得到好弟子的快乐。因此，这样的人都是艺术大师，而作为他们的弟子也是幸福的。当然了，画家自己不善待自己，硬是把自己从文人的队伍中自我排除，成为手艺人、工人乃至工匠，也是他们的自由，我们能做到的只是说东风吹来，万物勃发；金风一起，草木无华。每个人都有自己选择的权利，但一失足成千古恨，圣人之所以设教，不过是本着那种慈悲悯世的胸怀罢了。

有位著名画家，自称某某画派的创始人，画画的时候不肯让人当面看，说是要保密。在商业社会，对于知识产权的保护当然非常必要，但保密对于文化来说就是愚昧。文化需要交流，需要传播，否则再高明也没有用处。中国书画艺术如果不能落实在个人的行动之中，其影响力必然会减少很多。另外，“正法”中的“正”字大概还有“廓清”的意思，法有万法，林林总总，但廓清那些不好的方法方式，使之回归到最初的实践和理论结合的路子，这大概是“正法与传承”的另外一个思路。黑伯龙先生是当代最了不起的中国书画大师之一，但因为一直没有走出山东而不为人知。同时代的于希宁、许麟庐都已经蜚名海外，他却一直暗藏深山。最初他的绘画价格远远不如于希宁等人，但随着时间的流逝，现在已经可以平起平坐了，可以说后劲十足。这是因为他的绘画路数十分传统，同时功夫也非常好。另外，也跟有几个画得真正好的学生有关。据说一个大师成立的条件至少有三个方面的因素：一是要有真功夫；二是要有代表作；三是要有几个好学生。官位和炒作的名声都是昙花一现的东西，不可靠。在职的时候价格成千上万，去职之后的价格几乎分文不值，这已经是一个普遍的现象。收藏家是不会依照官位和炒作去收藏作品的，只有那些急于谋利的书画投机者、送礼办事的人才会饮鸩止渴式地买卖字画，很多人因此而损失巨大，这并不是多么奇怪的事情。真正的收藏家大多是基于文化爱好才进行艺术品的收藏，文化价值的比重就会随着时间的流逝而越来越重。

看画的时候并不是所有的人都懂画，这是当然的，关键是有人根本不看画，专门看印章，拍印章，这些人很可能就是画贩子，当然也有可能是鉴定家，虽然鉴定书画要对印鉴非常熟悉，不过对于鉴定书画来说，印章这些东西都属于辅助性的，而不是绝对性因素，只有作品才能说真话。如果他们真的是搞鉴定的，就不可能面对着那么多黑先生的作品而视若无睹，专门去留意他的印章了。这些人大概主要是为了造假吧，因为那么多黑先生的作品出来，一定会有一些印鉴是市面上没有看到过的，伪造这些印鉴的假画就不容易被看穿了。不过，造假对于一个艺术家来说并不是世界末日，甚至是没有假画的艺术家也不会存在多少的文化价值。一幅画现在动辄数百万，数千万，哪里是老百姓能买得起

的?！假画层出不穷，固然有市场投机的因素，但也不要随便排除其文化上的需要，也就是说大众对于书画艺术的爱好本身就是赝品产生的催化剂。

我觉得也没有必要去苛求这些造假画的人，我现在越来越觉得他们其实就像麻雀一样，何其辛苦，但也着实没有什么大志向，与他们去计较，反而降低了自己的品味和档次。把自己的修养提高了之后，这些东西对收藏家来说都不是障碍，反而成了乐趣，像字谜一样，只是觉得好玩，而不是可恶了。这个境界是收藏的最高境界，并不是所有人都能达到的。事实上，现在造假的技术非常发达，造假的人非常广泛，一一去追究和反驳，就会浪费时间和生命，投入和产出根本不成正比，只能说见怪不怪，其怪自乱了。虽然我们说老子英雄儿好汉，但这也只是一个方面，在画家的孩子中，也有不少的败类。我说两个故事，大家也不必对号入座，如有雷同，纯属巧合。

某著名画家去逝之后，骨灰未冷，几个孩子就开始为争夺遗产打了

《富春山居图》（局部）

黄公望
元
卷　纸本　墨笔
台北故宫博物院

《富春山居图》以长卷的形式，描绘了富春江两岸初秋的秀丽景色，峰峦叠翠，松石挺秀，云山烟树，沙汀村舍，布局疏密有致，变幻无穷，以清润的笔墨、简远的意境，把浩渺连绵的江南山水表现得淋漓尽致，达到了“山川浑厚，草木华滋”的境界。

起来，甚至一个孩子还到法院状告他的哥哥姐姐，还有妈妈。至于法院怎么判的，媒体也没报道，我以为就庭外和解了，想来手足同胞，何至于如此？但是后来报纸又登出了消息，这个孩子又告他的姐姐，说她诽谤他伪造父亲的画，给他造成了极大的损失，要求赔偿50万元。这样的人品怎么可能不伪造他父亲的画呢？都说：“养不教，父之过”，但有时候就像一位朋友说的那样：子女是债，无债不来。孩子往往就是讨债的鬼，把你的财富、名声给你丢得一干二净。古人说的报应，现在人不信，但仔细想想，我们身边的人或者事，很可能是因为我们自己没有足够的高度才看不出这点来。

该画家画得一般，但名气很大，至少在S省收藏家众多，主要还是官员收藏。但这个消息被报道之后，我想他们傻眼了吧？不知道自己手里有多少是该画家儿子造的假画呢！

还有一个故事是著名的L画家去逝之后，拍卖会对于他的画还是非常推崇的。有一位跟拍卖会比较熟悉的老先生经常看这些拍品，拍卖会的人就说您看看这幅作品如何？他看了半天，说很好，就是看着很面熟，似乎以前看过这幅画。拍卖会的人哈哈大笑，说您的眼力很好，这是L的儿子前几年从我们这里买走的画，但是当时这画是墨线勾勒的荷花，纯水墨的，因为彩色的荷花卖得更贵，所以他给老爷子的画涂上了颜色，又拿回来给我们卖。你以前看到的就是这幅作品。当我听到这个故事的时候，真的是被震撼了。事实上作为L画家的儿子，只要不肆意挥霍，我想他这辈子都会过得幸福安逸，为什么为了钱还要如此这般地造假呢？就是为了一个欲望啊，没有节制的欲望让人没有了廉耻，世界上没有比这更可悲的了。

上面这种造假的方法方式都涉及到画家本人的亲属，我觉得有几个方面需要我们在这里探讨一下。

一是画家自身的作品缺乏足够的艺术修养其实是自身文化修养的欠缺导致的。自古以来，我们都相信言为心声，你的真实境界是什么样子，其实在你的画作中可以一览无余。圣人很难模仿，好的作品也很难临摹，除了用印刷机印刷出高质量的赝品，其余手工制作的赝品往往很容易就可以看出漏洞。这需要一个鉴定收藏家对于标底的熟悉，自己没有眼睛，依靠其他的因素，比如画家的亲属来鉴定，很多时候也不可靠。俗话说得好，靠山山倒，靠人人倒，只有靠自己才能站稳脚。虽然不排除大部分艺术家的亲属可能会做出恰当的鉴定，但“人之其所亲爱而辟焉”，有时候画家亲属因为种种原因也会弄虚作假，那么吃亏的只能是耳鉴书画的人了。

二是以法为准则鉴定书画，一如我们相信人治不如法治一样，它虽然不是最完美的方式，但终究是我们在这个世界上能找到的最好的方式。认识每一个著名画家的法脉，了解这种法脉的特点和本质，则在选择画家，尤其是已经去世的画家的作品时会有极大的好处。有一位研究近现代名家的收藏者，他根据历代的出版印刷记录来鉴定书画，也很有特点。在20世纪80年代之前，艺术市场并没有一种普遍的造假意识，因此那个时代的印刷品大多是可靠的。这位先生从这个角度入手，几乎收集了所有某画家的出版物，对于其中的作品非常熟悉，以至于拍卖行出现了某张某画家的作品，他就能很准确地找到当时的图录，就可以判断真假。当然，还因为他对于某画家的书画艺术的熟悉，很多直接造假的艺术品也能一眼就看出真假来。这就是一门深入成为专家的路子。无论你采用的是什么方法，只要路数正，能尽心力地进行研究和学习，基本上都会有很大的收获。

我们说正法与传承的重要性并不是针对书画艺术而言的，而是针对收藏本身所说的。正确的方法和有序的传承记录对于收藏鉴定来说都非常重要。古代的绘画作品大多都收藏有序，何时在谁手里，何时是什么情况，基本上可以一清二楚。2012年秋拍季，北京盈时拍卖公司的重量级拍品元代朱玉的《揭钵图》拍出了2990万元的天价。《揭钵图》描绘的是佛经鬼子母皈依佛法的故事，此次拍卖的《揭钵图》是元代宫廷画家朱玉的作品。相同题材的《揭钵图》藏于浙江省博物馆，为国家一级文物，而这幅作品的真伪就受到了广泛地质疑。国家大力投入发展文化产业当然是好事，但如果因此而进行一些不诚实的操作，那么伤害的何止是自己的心态，更有国家的损失了。为了更好地说明这个问题，我们可以从正法和传承的两个角度看：一是从正法的角度看，朱玉这个人并不是什么著名的画家，在美术史上几乎没有什么位置，那么他的作品是否有这样的价值呢？正法的力量使我们相信在很长的一段时间过去之后，基本上只要有一定功夫和文化修养的作品肯定会被历史认可，但显然朱玉在这方面就差了很多。此外这幅作品有文徵明的长跋，从正确的市场规律和推介方法来说，单是这个长跋就有非常高的市场价值，远远超过2990万元这个数字，现在整幅作品才是这个数字，真的让人不敢相信。世界上有这么大的漏可以捡吗？而且还是在现在这个艺术市场的状态之下？从传承的角度看，这幅作品并不是什么承上启下的历史作品，也没有那么高的历史定位，即使是真迹，也不会有多大的市场价格。从流传上来说，这幅作品长期默默无闻，仅在美术史的资料中有几条很浮光掠影的记录。更重要的是，浙江省博物馆就有同样题材、同样构图的作品。一幅作品得以保存已经是很幸运的事情，两幅都得以保存实在是难以想象。传承有序这个方面的工作没有做好研究，就冒昧地进行购买，实在是不应该。

当然了，或许这幅作品就是真迹，但现在我们基本上看不到原画，网上的图片都很小，很模糊，所以很难判断，但从外在一些方法方式和作品本身的流传程序来说，这幅作品还是十分值得怀疑的。虽然有的专家说这幅作品才是真的，浙江省博物馆的是赝品，这个问题就需要智慧来理解了。

第三节　画家和艺术

前文已经说过了，言为心声。中国画最大的特点就是它与画家本人的心性联系紧密，类似于笔迹学，你是什么样的人，在行笔过程中一定会有自己的情绪的，哪怕是一幅刻意模仿的赝品，在不经意的过程中，赝品的制作者往往也会流露出自己的感觉来。有的时候看一个幅作品，只要看看树梢的几处用笔，大概就可以判断真假，因为树梢部分的临摹往往因为开始普遍注入的情绪有所松懈，更能体现出作者的情绪。如果是赝品，造假者在此时应该有一种放松的心理，毕竟已经刻意模仿了那么多地方、那么长的时间，在心理上就会有些放松，以致自己的情绪就显现了出来。一个画家的艺术品如果没有太多的感情注入，他的艺术风格是不明显的，失去了自己的本来面目，无论如何展现，只是一个程度多少的问题，但绝对不可能出现截然相反的情绪，这是判断书画真伪的一个重要方式，而这个方式的根本就是对于画家和艺术的了解要透彻。从收藏家的角度来说，如果对画家和艺术之间的关系没有充分了解，那么收藏本身就很难说是成功的。

画家和艺术之间是什么关系？不就是生产者和生产品之间的关系吗？工人会对自己的标准化产品产生感情吗？显然画家不会这样认为。一直以来，我们要求"意在笔先"，就是画家对于艺术的理解要有感情和修为的注入，而不是一种标准化的工作。黄公望的《富春山居图》一共画了三年多，这是因为他对于绘画的理解往往因着时空的转变而有所变化，变化的时候就会有所感触，有所感触就认真地画下来。这样断断续续，不肯轻易下笔，才构成了这幅杰作。当然，我们不能以创作时间的长短来界定绘画的品质，有时候一个短暂的动作是要用数十年的修炼积累才能做到，这就是中国画的魅力，所以立刻而就的画家在中国历史上也不在少数，梁楷的人物，倪瓒的山水，八大的鸟鱼，都不会用太长的时间，但其中的文化韵味并不比那些用长时间创作出来的作品差，这就是"意在笔先"的奥妙，不以时间长短、空间大小等物质世界的因素为依据，而是以精神世界中的文化修养为前提，这就直接将艺术从工艺技术的领域中提升了出来，使之成为真正的艺术。所以，收藏一幅作品，一定要认真体会其中的文化韵味，而不是追求其花费的时间多少，用的颜色多少，技法的功夫多少。齐白石去给一个地主画画，明明可以一天就完成的工作，他用了一个星期，用的宣纸特别大，金粉也很多，地主非常高兴，认为这幅作品是齐白石花了很大力气才完成的，其艺术成就当然不可忽视，就给了他很多的润笔费。齐白石拿到了钱，忍不住嘲笑地主，说现在才知道有钱人的钱其实也很容易骗。因为在艺术领域里，大小和时空都不是构成其艺术作品价值的因素，关键是作品的文化内涵。现在人们动辄以大小，以平方尺来买卖艺术品，其实是整个社会都在"地主"化，文化的发展置于这样的境地，想来也是前贤们没有预料到的。收藏家在这个时代非常重要，他们的行为直接决定了艺术的未来，所以要谨慎理解艺术品的文化内涵，而不是随波逐流地去计较

尺寸的大小、功夫的深浅等外在的因素。现在所谓的收藏家大多是买卖人，哪里能承担文化的继承和发展的责任呢？所以我们在这本书中谈及的收藏都是指那些真正的收藏家，一种可以从文化精神上与画家的艺术构思碰撞的人。他们也可以“意在藏先”，对于自己需要什么样的作品，能理解多大程度的文化有一个非常准确的判断，然后根据文化需要不断更新自己的收藏，直到有一天能真正地理解文化是什么。这其实和画家由技入道是一个道理，所不同的不过是他们在不断地开拓自己的眼界而已。我认识的一个收藏家，他最初喜欢一些有名望的人的作品，觉得他们代表着文化。随着艺术修养的提高，他开始觉得过去收藏的东西都不

《江村图》(局部)

龚贤
清
纸本　水墨
上海博物馆藏

龚贤以墨反复皴擦，不仅不显得脏，反而更亮、更雅、更静，乃其心静使之然也。

好，就开始处理，然后选定自己喜欢的一个画家进行收藏。他的收藏其实就是他学习的过程，不断分析哪些作品好，哪些作品差。他的判断标准很简单，就是晚上下班之后，将艺术品挂在家里，仔细品味，看看能不能让他忘记白天的喧嚣，忘记疲劳。现在很少有艺术家的作品能做到这一点了，而历代大师的作品都能做到这一点。因为我们艺术精神的追求就是平缓紧张，克制欲望，增加安静的和谐文化，非如此，不能称之为合格的中国画。

一幅作品往往不是由题材和技法决定其价值，而是依据它的目的，具有同样水平的艺术家往往因为创作目的的不同而创作出截然不同的作品 . 一如科学技术，一方面可以用它来改善我们的生活状态，使我们更加舒适和自如，另一方面也可以用它来制造原子弹，一颗就可以杀死数十万人。科技本身没有什么好坏，它只是个工具，决定科技为善为恶的只能是人。艺术品的好坏决定权也在艺术家心里，虽然有时候似乎有例外，但基本道理却是肯定不变的。一幅作品，艺术家本人都没有什么感情的注入，收藏家非要从中发现珍贵的内涵，这种荒谬的事情大概只有在行政体系中才能出现。运用宣传和一种自我麻醉、自我封闭的力量来营造一件作品的好坏，这种掩耳盗铃的手法迟早都会受到历史的谴责。皇帝的新衣在艺术领域其实不能成为一个事实，只能是一个假相。如果收藏家分别不出真实和虚幻，那么他肯定还不够资格称之为“收藏家”，还需要多学习，多理解。

理解不了绘画作品，就去分析这个人。这个人的一举一动都有真实事迹做注解，我们只要能收集到相关资料就是了。有一幅作品被政府和许多人都宣称为著名的巨制，体现了抗战军民的信心，但实际上它创作的目的是为了瓦解我国抗战军民的信心。白纸黑字都写在当年画家的创作感言中，运用行政的力量想抹杀历史，在一定的历史阶段内当然可以做到，但在历史中，这是不可能的。历史是永恒的，政府政权只不过是昙花一现。大秦帝国曾经多么强盛，元帝国曾经多么强势，清政府曾经多么自信，结果都如梦幻泡影，一个匹夫的一声呐喊：王侯将相宁有种乎！就可以颠覆秦帝国；一个逃亡的和尚用了十几年就可以消灭元帝国；一声枪响就推翻了满清的帝制。收藏家不能是一个紧跟形势的人，他会从繁芜的乱象中分别出真伪，会从真伪中寻找出好坏，这才是收藏家。艺术家在他们眼中一如明镜，是什么样子非常清楚。所以在与画廊老板交谈的过程中，我们可以听到很多关于艺术家的段子，非常真实，也让我这种最初对艺术家怀有深刻憧憬的人感觉到幻灭。所以谈及收藏，我们需要认真的思考，我们要什么。画廊老板可以一边嘲笑艺术家，一边恭维艺术家，因为他需要靠买卖艺术品来生存。这还是买卖人，真正的收藏家需要真正的文化立场。

当然了，在生存才是硬道理的今天，我们需要把工作和爱好区分开。但是在工作中也会有一些细节可以感觉到画家的品味。一个公司招工，因为位置关键，薪酬很高，应聘的人非常多，所有人都侃侃而谈，几乎没有人注意到一个细节。只有一个人注意到了，他被录取了。其实老板故意做了一个局，就是看应聘者在细节方面的关注度和实践能力。工作如此，艺术何尝不是如此呢？鉴定绘画往往就是从细节方面去考量，传说中的画不用打开就知道真假，其实也是有迹可循。比如那么破的纸，包的画却是崭新的样子，或卖者故意做出很宝贵的样子，基本上可以断定都是假画，根本不值得打开来看了。对于艺术不尊重的人，怎么可能有真画要卖呢？杨仁凯当初遇到母子二人，用很好的纸很用心地包了一堆碎片给他，神情肃穆，而且对于价格根本不在乎，甚至是放下纸包就走了。杨仁凯打开一看，是一批宋画的碎片，裱补之后都成了博物馆的珍品。

此外，惜墨如金是画家和艺术关系的一个写照。好的画家对于墨的运用非常吝啬，绝对不肯轻易点染，甚至有的时候作品完成了，笔洗中的水还清澈如许。现在有的画家一边画画，一边抽烟，然后就把烟掐灭在烟灰缸里，或者放到笔洗里，美其名曰是顺手方便，不拘小节，实际上却是对艺术文化本身的不尊重。这是为了方便而牺牲了自己的修行，一旦随意就放任自流，这样的人很难在艺术上获得成功。古代人对于笔墨纸砚的尊重和神化让人体会到其中的文化含义，例如写毛笔字的纸一定要放到火里烧掉，而不是随便地扔掉，而且只有如此，才能获得上天的肯定，这似乎是一种迷信，但在今天的庙里，你还可以看到这样的情况。以前在很多村落的村口都有一个焚字塔，方便大家处理有字的纸张，这都是一种个人和文化的关系。当我们过于注重自己之后，对于文化的尊重感就会丧失，那么艺术创作就容易过于强调技巧而忽略意义，这样的作品本身就是一种不完善，又怎么能值得收藏呢？

现在很多走江湖的画家，更多的时候是在作秀。我见过一个这样的画家，他装模作样地铺了很多宣纸，然后调了颜色就往宣纸上泼，这就是传说中的泼彩吧？我觉得是浪费宣纸。一幅画如果只能是制作的效果，那它就如同标准化处理的产品，没有任何的精神注入，根本不可能打动人。还有那些写书法的人，尤其是写超大字的人，一个字恨不得写几丈长，这都是在浪费东西。消费主义的社会当然会追求这类东西，没有消费就没有进步。但实际上资源总是有限的，你在这边浪费，在另一方面就会受到局限。人对于自然应该有一种尊重之意，对于自然的赋予应该是一种感恩之心，倘使觉得一切都很自然，要获得进步就必须索取，那是强盗逻辑，是一种会导致人类最终毁灭的思想。古人之所以克制这样的浪费欲望，希望在绘画中把对自然的感恩之心表现得淋漓尽致，就是基于这样的思想。

画家对于自己艺术的珍爱其实是收藏的一个重要考量因素。以前画家都非常在意自己的东西，并不随意处理。往往是庸俗之人用多少钱都不能购得，而平常之人却会很轻易地获取。明朝王绂就是这样人。他的上级在后面招呼他，他故意装作没听见，别人问他，他说之所以叫我，肯定是要画。我的画不能这么随意给人，哪怕他是上级。结果费了很多周折，他才把画送给上级，还不是亲自直接给，而是托一个朋友转交的。有一次王绂在外面出差，看见月高风清，住所周围竹影婆娑，微风徐来之时，忽然有袅袅笛声，婉约蔼蔼，如泣如诉，不免有一种思乡怀旧的情绪，于是立刻写就一幅作品，隔天早上就送了过去。我们也许看美术史，只看到画家对于自己作品的不在意，什么人都能送，但恰恰会忽略有一种人他们往往是不会送画的，就是富贵逼人的人。沈周一出去游玩，老百姓就跟现在的“追星族”一样，将其团团围住，要求签名、画画，沈周几乎是一一答应。但地方官想要他的画，却不礼貌待人，沈周就不给他画，结果就被安排去画壁画，这是古代老百姓的一种义务。沈周就去画，跟普通技工混处在一起，很开心。但他就是不肯为了一时的自由而送画给那个官吏，这才是珍贵自己的艺术！那种把自己的艺术当成金钱来算计的人，又怎么能理解呢？听一位长辈说起某著名画家来，画商找她买画，算来算去，少带了几万块钱，于是画家拿出尺子，算好尺寸，把画面的空白部分裁去一部分，美其名曰不能坏了规矩，实则是自己就是个工人，给多少钱，出多少力，境界之低难以想象。现在社会大众的审美水平实在需要有所提高，否则这样的人哪有生存之地？当然了，这个世界是一个复杂的世界，阴阳混合，不可能出现一方占绝对优势的局面。出家的师父说了，魔也有六亲眷属，也有十分强大的加持力。因此这样的人成名，或者大获利都是可能的甚至更会大行其道，只是我们这些意图向善的人，应该有一双明亮的眼睛能分出善恶来才好。

古人说：“物以类聚，人以群分”，绘画也是这样，什么样的人画什么样的画，这是一个普遍的真理。某画家一心想炒作，抛弃了对于传统艺术的热爱，一心在市场领域奋斗，以致画得画像柴火堆，一个收藏家笑言，一点火就可以烧完。我听了以后哈哈大笑，仔细看画家的画，确实如此。以前虽然觉得他的画很乱，就是没有想到准确的词汇来形容，现在终于明白为什么我当时看了就烦躁，原来是干柴堆，一旦遇到些许的欲火，哪有不旺盛的道理。这个画家的画价非常高，据说也是十数万一尺了，但真的是名不副实，最终将被历史所淘汰。对于他的艺术来说，他就是个捆柴火堆的农夫而已。收藏家如果不明白这个关系，一味地追求利益，最终反而会丧失正确的见解，遭受最大的损失。

收藏本来是件很美好的事情，可以教化子孙，可以为他们提供危机时候的资金，但结果却送给孩子们一些垃圾，最终成为笑柄，这是何其可怜可叹的事情啊！

第四节　历史上“体制”外的大画家

在收藏领域谈体制内外其实说的就是圈子。人肯定是有身份不同的，不同身份的人组成了不同的圈子，这是一个非常正常的现象。不过古人说的是君子不党，而且艺术本来是非常私人化的事，不可以去追求圈子的营造，可以雅集，不可以结党。今天，我们艺术界的行政化使艺术家自然而然地形成了很多圈子，最大的圈子是中国美术家协会，然后是国家画院等机构，再者就是美术院校、自由职业者。还有以市场利益纠集而成的圈子，比如各地蜂拥而起的画派、画院，都是在结圈子，虽然圈子都说是为了文化的进步，实则就是为了形成一个利益整体。雅集和结圈子相似性很高，重叠的部分多于不同的部分，所以很多人都容易混淆，但不同的部分决定了两者各自的特点：一者为文化；一者为己利。当年苏东坡因为经常参与王铣的雅集而连累王铣受到党争的牵连，就是因为大家想当然地把雅集的群体当成了结党的团队，而忽略了参与雅集的文人相互影响和促进的真实内容。当然也不排除现在人会把那些目的在于一起发财而名为雅集的活动和团队，但这不是本书主要想论述的内容，只是想就艺术的最终效果来断定体制对于艺术的影响。因为体制内外的因素实际并不一定就决定艺术家的艺术水准，但就收藏领域来说，在收藏家普遍缺乏足够鉴赏能力的前提下，就只能依靠外在的标准来衡量艺术水平的高低。

虽然在我们圈内人来看，“美协会员”这样的帽子并没有太大的实际意义，但对收藏外行来说，这也是一个可以接受和参考的主要因素。他们对于美协会员有一个普遍的心理承受价格，现在中国美协会员的标准价格大概是三千元一平尺。这类似于范进中举之后必然会有一定的经济收入一样，中国美协会员在很多艺术家、收藏家眼中十分必要，似乎成了一个水平的保证，虽然我们现在知道这种保证往往不靠谱。另一方面就是画家的社会地位也非常重要，有个一官半职对于市场的价格制定非常关键，虽然这也是如同浮云，但似乎大家对此还是趋之若鹜，一个地方书法家协会有16位副主席，其根本原因就在于此。很遗憾，我们现在的艺术界跟官场类似，艺术家成了艺术官员，不仅有专门的体制维持他们的基本生活，更有大量的社会资源供其使用和占有。因此，我们在这里讲的体制内和体制外的区别，其实就是一个体制的在位和在野的区别。

比较宽泛的说法是，体制内画家往往是指那些供职于与艺术相关的国家机构如画院、美术馆、博物馆、学校、美协等的艺术家，他们普遍享有体制内的优势，包括某些特权，比如大量有效资源的占有、主流媒体的推荐等等。他们有很大的话语权，不需要为基本的衣食住行所烦恼，也就更容易得其名，当然，得到的社会尊重也多，就是我们常说的那个词——体面。人活着就得有体面，这是对的，但真正的体面对文化来说似乎是文化本身带来的修养和气质，否则金玉其外，败絮其中的所谓的体面人其实最不体面，尤其是对于文化的发展和完善来说，他们往往起到更大的破坏作用。与之相反的那些所谓的体制外艺术家，他们类似于古代的逸民，面临着生存的问题，而且没有行政资源可以利用和支持，往往被收藏家们所忽视，但对文化，尤其是艺术的发展和完善来说，美术史不断地证明他们对于文化的贡献很大，绝对不能忽视。

在商业社会的今天，我们看到全民“向钱看”的趋势，体制内的画家们因为有位置的优势就很容易在竞争中胜出，市场会主动找他们，而体制外的艺术家往往需要寻找市场，希望通过市场来帮助他们解决生存的问题。不过艺术家们应该十分庆幸的是今天中国的经济发达，社会安定，是艺术昌盛繁荣的时代。不管是体制内还是体制外的画家都可以凭借其艺术的魅力而过上幸福的生活。在这个阶段反而会出现一个比较有意思的现象，就是体制内的画家往往因为行政事务的繁忙或者欲望的驱使而画不好画就是官当得越大，画画得越差。这跟古代有一个本质的区别，这是为什么呢？我想还是因为官吏的传统被破坏了。清代章学诚总结说古代是官师结合的体系，当官的必须要有文化，科举也不是那么简单就能过的，同时书法和为人都要有一定的水平，这就保证了官员的文化素质。慈禧太后还有因为面试的人相貌不好或者名字不好就不准当状元的典故。有文化又聪明，能当官的艺术家绝对是值得信赖的。今天，我们的官员是与商业结合的，这是整个时代“向钱看”的根本，官当得越大，欲望就越大，怎么可能画好画呢？但因为现在的艺术市场是一个礼品市场，短期内当然要重视艺术家的社会地位和名誉，因为收礼的人大多是官员，他们基本上缺乏足够的艺术鉴赏能力，只能靠一些外在的标准来衡量，这就是当今体制内艺术家所以能动辄身价百万的主要原因。

不过艺术对真正的收藏行为来说，体制内外不应该成为衡量一个艺术家好坏的标准。体制内的艺术家不尽然都是优秀的，而体制外也有大画家。事实上，与同时期的体制内的艺术家相比，体制外的艺术家所取得的成绩也是让人称赞的，连那些我们现在公认的大师都是直言不讳。

这也就更加印证了我们刚刚提到的艺术其实不分体制的内外，而应该是艺术水准高低如何，即作品能否让人悦目赏心、明心见性。况且在体制外也并非一无是处，起码自由就是一条，不需要应酬上级，完成一定与艺术并无大关系的工作等等，比如下面我们将要谈到的体制外的画家，原来或者是一介武夫，或者是银行职员，本身都未曾接受体制内的教育，但不管如何，他们却都因为各自的努力而取得了艺术上的成功。艺术对于艺术家来说就是生命的延续，凡是用自己的作品来打动人的，人们也一定会记住他们。所谓的体制内、外，不过是一些人的自我偏执罢了，真正伟大的艺术家是跨时代、跨文化存在的。

陈子庄是四川人，虽然小时候学过画，但更多的时候却是混社会。他的叛逆性很强，十六岁的时候逃婚，大概是受了自由婚姻风气的影响，然后就是在社会上混日子，靠的是自己一身的武艺和侠义的肝胆。陈传席老师的《画坛点记录》中曾有如下记载："他曾在成都参加国术擂台比武，当场打死二十九军部武术教官，名扬一时，遂被四川省军阀王瓒绪聘为军部教官、私人秘书。"其实可能不是私人秘书，而是幕僚参议的角色，我想主要还是他的身份类似于江湖帮派的小头领，很多时候军阀不方便出面就让他出头。这个时候的陈子庄还是很年轻的，可以说是春风得意，尤其是王瓒绪主政的时期。据说就是这段时间：他接触到了齐白石、黄宾虹等著名画家，陪着这些画家四处写生的时候，大概也就耳读目染了很多艺术真谛，加上小时候的功力，自然就有了进步。

陈子庄真正开始绘画生涯还要感谢新社会，因为他被安排了一个闲职，可以好好画画，或者说只能好好画画，除此之外，没有什么别的方式。但是自幼的江湖风云在他心中鼓荡不止，所以并不能安于现状，在艺术上的追求总是想着有所突破。虽然很多人都有类似的经历，但并没有把经历转化为动力的能力，更缺乏把感情诉诸于笔端的才华。陈子庄有，他以自己独特的艺术风格画出了一个不同于时代风气的作品。

陈子庄说："我死之后，我的画定会光辉灿烂，那是不成问题的。"

事实上，我觉得不是他的绘画会光辉灿烂，而是传统文化在被压抑的时候，整个社会艺术体制都在向苏联、向西方学习素描、速写、造型、色彩的时候，他充分认识到了作为一个体制外的画家的价值，就是有一种足够的文化自信、文化传承的能力。在当时那个时代，齐白石没有学习过素描速写，不一样成了全国著名的艺术大师吗？他不愿意跟风逐浪，作画也喜欢机趣横生，这是其作品的可贵之处。这份机趣，一来是他天性使然。蜀地风土养育了他蜀人性格，蜀人对于生活的热爱和满足是中原人难以了解的，而且蜀地的富足更让当地人产生一种优越感。所以他说“绘画须通‘心灵’，须得‘机趣’”。他肯定自己的画能够“光辉灿烂”，大概也是根植于对传统文化的自信吧。

不过，我看他的艺术也因为是体制外的关系，没有一种冲入体制内，影响体制内人物的动力而显得器具有些小。这当然跟他自以为是的一些性格有很大关系。我们不会怀疑他的艺术认识会有很大的进步，但因为他的混江湖的气息，竟说太史公司马迁“情调极卑鄙，首先是怕死。然其欲有著作传之后人，意念尚也在于此”。中国绘画向来是一个完整的文化修养表达形式，纵使艺术家的才情可以起到非常重要的作用，但毕竟代替不了修养上的完善。对于文化缺乏足够的了解，进行一己之私的判断，或许在艺术领域还不会出现多大偏差，但在文化领域就会贻笑大方了，所以大画家必须是大文人，这不是简单的个人天资所能代替的。陈子庄的艺术局限于他对文化整体认知的不足，而显得有些小，这也是很自然的事情，跟他小时候没有进行严格的文化学习有很大关系。

很多人都被陈子庄武艺高强、江湖闯荡的气息所迷惑，以为是天赋异禀，我却觉得他过于受到体制外的气息的熏陶，以致于有一些自负，这是他最终没有获得最高艺术成就的短板。一个人实在不应该早年顺利，否则很容易地产生自满自负的心理，他十六岁就出来闯荡江湖，居然成了帮会的小头领，办了很多重要的事情，周游于各个社会组织阶层之中，可以说游刃有余。在乱世当中，普遍社会层面的生活艰辛对他来说仿佛比较遥远，这个当然会使他分散了太多精力去做绘画之外的事情，等老了以后，没有别的事可以做了，再回过头来画画，已经有些力所不逮。据说再困难他对于笔墨纸砚的材料质量要求都非常高，这足以说明艺术在他来说究竟是隔着一层执着的。当然了，我们这么说其实是苛求先贤，为他没有能最终成为绝代大师感到遗憾。归根结底是他所谓的“嗜欲深则天机浅”，但作为这个世界的人，谁能逃脱欲望的支配呢？孔子周游列国，也是因为有一个大欲望，就是恢复周礼于天下。所以欲望不怕有，关键是欲望的目标是什么。如果体制外的画家能有一种匡扶世风的欲望，或许他会创造出更上乘的作品呢！

近代另一位体制外的绘画大家是黄秋园，他是江西人，自幼喜爱绘画，由于家境贫寒，中学毕业后进入一家裱画店当学徒，使他可以接触到大量的古画真迹，他用心学习，取得了很大的进步。1939年经人介绍考入江西裕民银行，从事文书的工作，这并没有让他放弃所热爱的绘画事业，而是选择在工作之余进行书画创作。这种边工作边画画的状态直到1970年才有了改观，这一年他提前退休，得以专心绘画。

李可染先生的评价比较有代表性：“黄秋园先生的山水画，有石谿笔墨之圆厚，石涛意境之清新，王蒙布局之茂密，含英咀华，自成一家，苍苍茫茫，烟云满纸，望之气象万千，扑人眉宇，二石山樵在世亦必叹服。”画家相互之间的评语往往不值得相信，尤其是同一个时代的画家更是如此。但黄秋园的艺术确实具有当时那个时代所缺乏的传统厚重，因此才为一直试图通过中西结合进行艺术创新的人所尊重。事实上，更重要的是黄秋园的艺术虽然深受王蒙、石涛、石溪等人的影响，对积墨法的继承与推动起到了十分重要的作用，但他的艺术之路似乎还没有走到尽头，有一种半途而废的感觉。这是个人际遇的问题，并非他的问题。假使齐白石活到像黄秋园一样的年纪，我们今天肯定不会记住他这个人，黄秋园的名气也绝对会大过齐白石。

黄秋园的成名除了自己的艺术成就之外，还有两个因素需要我们特

《簪花仕女图》
（局部）

周昉
唐
绢本 设色
辽宁博物馆

勾线、敷色皆有过人之处。

别留意，一是他出现的时代背景。当时是一个反传统的时代，忽然有一个人用传统的艺术手法达到了很多反传统的人梦寐以求的境界，其冲击力是不言而喻的。黄秋园的艺术虽然脱胎于古人，但其对构图的设置大多采用满构图，黑色调，这种基本风格本身就多少有些粗野，跟传统艺术要求的雅、静、逸的标准多少有所不同。这跟石涛还是有相通之处的。但问题就在于他的太多作品一看就是古人的再表现，自己的艺术特色还是太少，这大概跟他绘画的时间有限有关系。另外一个因素是他的身份一直比较隐晦，不为人知。在20世纪80年代初期，当时的社会风气有一种追求自由，寻求草根艺术家的冲动，黄秋园在这个时候出现，肯定迎合了当时的那种社会心理。虽然黄秋园先生积极参与绘画结社等活动，但一直没有被吸纳到艺术体制之内。虽然作品经常送人，但却跟艺术圈子里的人混不好，所以受到地方美术界的排斥，去世前未被吸收为地方美协会员。

我们应该庆幸黄先生并未仰人鼻息，也没有因此而改变对传统艺术的见解。事实证明他是对的，当年排挤他的人都已经灰飞烟灭，他却被中央美术学院追认为“荣誉教授”，至少在死后，黄秋园先生被体制认可了。虽然有些讽刺，但毕竟代表了一个体制外画家最了不起的社会成就。这就是一直到今天我们还在讨论的传统的生命力问题。传统的生命力体现在它的跨时代性与纯粹性。跨时代是说传统中的核心价值观是促进社会发展的重要保障，不论社会风气如何，核心价值观所体现的内涵是利于个人、社会生存发展的。传统之所以常常会被诟病，主要的原因在于我们只是以固定僵化的概念来看待传统，把我们头脑中对传统的理解看成是传统的实在的面貌，这显然是我们自身的原因。还有一点就是越是急功近利的时代，对于传统的诋毁就越多。因为传统核心价值观所提倡的在以经济效益决定一切的时代显得是那么的“格格不入”。所谓的纯粹性，就是它不会牵涉太多的外在因素，比如名利等欲望。李可染先生对黄秋园有一个评价“国有颜回而不知，深以为耻”。我觉得对于艺术家而言，这是非常高的评价，远甚于夸赞技艺的高超。因为我们的文化所认可的历来是“以人传画”、“人品高则画品高”，而不是“以画传人”。艺术家也好，普通人也罢，良好的道德品质一定是得到人们尊重的重要因素。

相比较而言，我们要谈的魏启后先生更值得特别推荐。魏先生是山东济南人，曾经就读于北京辅仁大学中文系，受教于启功、溥心畬等名家。他后来跟黄秋园一样从事金融工作，但是他却远比黄秋园、陈子庄幸福，不仅仅生前获得了大家的认可，生活幸福指数也要远远高于他们两个人。

首先是天时。魏老生于1920年，当时家境还不错，也因此得以认识了很多著名艺术名家，如启功等人。后来，虽然他不以艺术为职业，但并不妨碍他与艺术圈里的人士交往，而且他圈外人的身份，使得他在与这些圈中人士交流时更多了些从容与真诚。正因为他的体制外的身份，使得他可以更多地由着自己的喜好，不需要去攀附与投人所好，用他自己的话来说，就是“任性所为”。这样一种“任性所为”的状态对于艺术而言实则是最为应该有的态度，在这种状态下，魏先生的书法自然会达到一种高度。同时他在最出成绩的晚年阶段，赶上了中国经济发展顺利、艺术市场空前繁荣的阶段。这是陈子庄、黄秋园做梦都不会想到的好时候。

其次是地利。魏老是山东人。山东人爱书画是一种融于血液的感情，这跟我们国家其他地方还真不太一样，跟山东是中国文化中心有关，历代以来，山东都不缺乏全国著名的艺术大师，“书圣”王羲之，“画圣”李成都是山东人。而且山东的艺术市场也是中国最火爆的地方，只要有一定的艺术水平、社会地位，在山东就能获得一定的经济回报。魏老虽然是一个银行职员退休的身份，却最终成了山东书协的副主席，济南政协委员。地方美协人士并不排挤他，反而以其为荣，这固然有时代的因素，跟地方文化风气也有很大关系，以艺术水平而非体制内外的地位来衡量和界定艺术家的地位，这是鲁国文化的一个特色。这一点也是黄、陈二人做梦都想的好事吧？

第三就是人和。三个人都有很深厚的艺术素养，这是毋庸置疑的，但魏老还有一个另外两个人不能比拟的优势：长寿。魏老是2009年去世的，黄秋园是1979年，陈子庄是1976年，任何人都能体会最后三十年对于一个艺术家来说多么重要。魏老这个优势绝对让黄、陈二人会痛哭于地下，但这是上天的安排，没有办法。更令人佩服的是魏老祖上是开钱庄的，这跟黄秋园只是个简单的银行职员有很大不同，他对于经营艺术市场很有一套，确保一个低价多销的基本结构，根本不会头脑发热地提价，反而是一个价格保持很多年不变，很便宜，所以买他字的人都得排队。据说每天下午某个时间段，魏老家的窗户开个小口，一手交钱，一手交画，过时不候。这种营销手段不亚于今天的专卖店模式。

恰恰是因为天时、地利、人和的因素，促成了魏启后以一个体制外的人进入了体制内，成为一个艺术影响力巨大的人，他不仅财盈巨万，社会地位还受人尊敬，学习授业的弟子也很多，这大概是体制外艺术家最理想的境界了吧？

因此，作为一个体制外的画家，对于自己的社会背景、人生经历、自身修养都应该有一个比较正确的认识，乐天知命，坚持艺术之道，才能获得一个很好的结果。

第三章 张宝珠先生的访谈录

我们选择张宝珠老师作为本系列图书的第二位画家，并非没有原则，而是有充分的理由。相比前一本书中的陈玉圃先生，宝珠老师走了一条不同的道路，但是殊途同归。他们一个老师，不同的道路，最终又汇合在一起，充分体现了中国绘画的魅力。古话说，一文一武，一张一弛，这都是天之道。艺术何尝不是如此？事实上道路尽可以不同，但终归的道理和归宿却是一致的。现在的书画界，很难找出两位同样出身、同样获得了巨大艺术成就的艺术家，这种成就不是来自于世俗的那种体制认可，而是来自于广大艺术群体和收藏群体的专业认可。

我们说陈玉圃先生是体制内的一个叛逆者，因为他在体制内却俨然没有体制内的任何习气，不积极参与画家的活动，也比较被动接受市场，甚至对于艺术的认识和主流艺术潮流都有所不同，但是这不妨碍，甚至恰恰促使他成了一位了不起的艺术家。因为在体制内往往会因为体制内的种种繁琐事务的增加而使艺术家远离艺术的真谛。虽然可以轻易获得大众的认知和追捧，却容易迷失自己的艺术方向，以致出现官当得越大、名声越大，却画得越差的局面。

而宝珠老师则是一个来自体制外的创造者，他并没有进入过正规的学院体系，却在山东艺术学院给山东的艺术爱好者讲过课，为当前的中国绘画体制带来了无限的生命力。这点我相信在很多年之后会被逐步认可。因为中国绘画的特点并不是并不一种西方式的那种学院派教授，更注重的是一种师徒之间的口传心授，从临摹古人绘画作品开始的那种经验的积累是中国画创作的根本途径。客观地说，这个途径在很长的一段时间内被大家所忽视，或者刻意遗忘，以致我们试图用西方的教育方式来打造中国画家。至少在近数十年的实践中，我们还没有看到基本成功的例子。刘曦林在张宝珠艺术展的研讨会上说过一段话，我觉得非常值得今天的美术教育者反思。他说，黑伯龙老师有很多学生，但是画得都不如这两个(陈玉圃、张宝珠)人画得好，因为他们俩都没有进山艺进行系统的学习，没有学习过素描，也没有进行过专业训练，而是跟着黑先生进行传统的学习模式，从临摹古画开始，一步步走了过来。我们(指学院派教育下的学生)也临摹古画，但没有他们系统和广泛，以致于今天看来，黑先生的学生中就他们俩画得好，这个问题确实值得教育体制的设计者深思。

我觉得宝珠老师有一种世故的真诚，这是他对于艺术和老师的尊重养成的。事实上不能，也不必否认在体制内有很多比他聪明、有文化、有能力的人，但他们都是从这个体制内走上来的局内人，反而丧失了一种跳出去的能力和认识，以致李可染先生说的用最大的力气打进去，还需要用更大的力气打出来并不能被人们所贯彻，结果就形成了一种程式化严重、缺乏生机活力的艺术界现状。宝珠老师不是从这个体制内上来的人，他为了获得艺术的真知，需要无比坚定的信念和自信，不得不忍受其他人的不理解和羞辱，甚至要忍受寂寞和孤独，因为他需要一步步

《洛神赋图》(局部)

顾恺之(传)
晋
绢本　设色
故宫博物院

“翩若惊鸿，婉若游龙。”不仅可以形容洛神的美丽，也可以形容顾恺之的绘画，线条如莼菜，人物布置自如，高古之意如游龙恍惚读者心中。绘画本不在形式，而在精神状态，价值取向。

地前进。从这个角度看，我非常能理解陈玉圃和张宝珠两位先生的友谊，两个人在保护传统书画艺术的道路中互相呼应，互相支持，其实也是基于一种前进途中的情感需求吧？他们的友情超越了简单的同学、亲戚关系，也就不足为奇了。

问：您是如何开始书画生涯的？

答：回想起来，我一辈子其实都比较顺利，虽然也有过穷日子，但那个时候大家都穷，有的甚至穷得吃不上饭，可是我没有遇到过这种情况。现在我好歹也是一级画师，属于教授级别了。家里的经济情况也很满意，在社会上也普遍受到尊重，这就行了。我要求不高，即使没有什么大成就，但一辈子比较顺利还是可以肯定的。

我学习绘画的兴趣主要是两个方面，一个方面是家庭因素。我父亲是青岛地区的一个警察局局长，他很喜欢书法艺术，经常写字画画，字写得还很不错。他私下解救了一个共产党员，在押解的路上把他给放了，自己就也没有敢回青岛，直接跑回了济南，后来又在潍坊地区做了什么警长。从生活条件上来说，虽然家里穷，但还能写字，买纸，不像我的同学陈玉圃，穷得甚至连买纸的钱都没有了。正是因为我父亲对于艺术的爱好，影响了我对于书画的最初兴趣。第二个方面是老师的鼓励。我小学的班主任特别喜欢我，甚至把我小时候画的画都贴出来让全班的同学欣赏，这使我从小有了一种学习书画的自豪感，对于我后来从事书画业有非常大的鼓励作用。中学的班主任也是如此，甚至还经常带我去写生，他本人也喜欢画画。可惜的是我跟陈玉圃一样，没有能上高中，初中毕业就拉倒了。我十六岁的时候就进了国棉二厂，搞宣传工作。这个工人身份其实还是很让人羡慕的，尤其那个时候兴这个。陈玉圃有一次来找我，头上戴着草帽，腰间用布条捆着，传达室的人都不让进，非得给我打电话，我让进才进。而且那个时候批黑画，厂里也有人批评我学习黑画，但毕竟都是同事，我也不算什么阶级敌人，就安全过了。反而是我父亲曾经是国民党的警长，总担心别人去告他，结果谁也没有去告他。但是自己把自己吓死了。

我还需要感谢有一个好的同学。陈玉圃。我们俩的缘分说不清楚，但可以说我跟老师学画并没有获得最大的利益，主要是我们俩之间的交流对于我的绘画艺术的成长起到了很大的促进作用。最初我们俩并不认识，那个时候，我跟他大姐住在一个街道上，他知道我，还去找过我，但没有找到。结果是我路过大姐的门口，正好她家的门没有关好，露着一道缝，我看到里面挂的一个四扇屏，画得真好，就禁不住从门缝里仔细看。结果被大姐发现了，说在门外看什么，到家里来看。于是我就进了家门，大姐说这是我弟弟画的。哦，你弟弟叫么？陈玉圃。哦，他就是陈玉圃啊，我是张宝珠。你就是张宝珠？我弟弟上次来还找你呢。原来是这样的，陈玉圃也拜了陈维信老师学画，可能陈老师跟他说起了我，说还有个小孩画得很好，你应该认识一下。他就来找我，结果没有找到。我给大姐留下了具体的地址，说玉圃要是再来济南的时候可以来找我。陈玉圃那个时候在农村住，每隔一段时间来济南买纸，就在大姐家落脚。第二次他来找我，进了院子，不知道哪个房子是我家，但有一家的窗户上糊着一张画，他说就是这家了。就这样，我们俩认识了，那个时候也就十六七岁的样子，一转眼现在都67岁了，我们之间的友情已经半个世纪了。

问：您跟黑先生、陈先生是如何学习的？

答：陈先生是我的启蒙老师，但我受黑先生的影响比较大。陈先生因为长期都在北京，见不着，而黑先生就在同一个城市里，我离得也近，就经常去看他。黑先生画画就像刮风一样，刷刷的，笔触跟纸的接触就像在弹琴，这是功夫。现在的人很难有这种声音，所以不奇怪很多人的用笔软而无力。黑先生对我要求很严格，有一次我空着手去看他，他就很生气，说你来做么？聊天吗？跟你有什么好聊的？如果拿着画来，还可以一边看着画一边聊天，这样空着手，没有办法和你聊。从那以后，我去黑先生那里一定要抱着一捆画去。这点得向陈玉圃学习，他每次去黑先生那里都会抱着一大捆画去，结果老师很喜欢他。

黑先生人非常好，性格开朗直爽，有什么不高兴的事就要说出来，说出来后就忘记了。对于学生，他非常爱护，但要求也非常严格。他一直对我说，没有激情就别动笔，没有画意就别动笔。脑子里有了画

《洛神赋图》(局部)

顾恺之(传)
晋
绢本　设色
故宫博物院

唐张彦远说六朝画“人大于山，水不容泛”，由此图可窥其一斑，然非作者不明此理，实时代文化背景之下，对于艺术的审美需求不同所导致的，故观此图者不会因“人大于山”而感受不到图式的艺术魅力。

意了，有了动笔的冲动了，才能动。这张纸无论是铺在桌子上，还是挂到墙上，你看到满纸都是画的时候才可以动笔。这种要求就是非常传统的“意在笔先”的概念，当然，那个时候并没有这种概念式的教育。黑老对我们不进行什么理论上的系统指导，只是要求我们临古画。一遍遍地临给他看，说这里画得不好，应该去学谁谁的石头，他是利用古人的画来教育我们。到现在为止，我觉得这种方式简直是一种最经典的中国书画教育方式，现在学院教育中忽略了这种方式，真的是太可惜了，难怪没有多少画得好的人了。这是玩笑话，也有一定的真实性。刘曦林先生在我的画展的讨论会上就提出了这个问题，说黑先生的学生那么多，尤其是他通过山艺体系教育出来的学生，却最终没有画过两个从来没有接受过体制教育的人，一个是陈玉圃，农民；一个是张宝珠，工人。其实我觉得就是黑先生利用最传统的方式对我们进行绘画培养起到了最关键的作用。画中国画，就得用中国的方法学习，用别人的方式来练中国的把式，总是事倍功半的。

至于黑先生的艺术风格，我觉得他在下笔之前就产生了一种意境，一种高逸的品质，绝对不是单纯地要画什么山水画，有山有水，再有个小人就行了。他是在画境界，画气质。画出来说明了什么问题，对他来说很重要。这就是绘画给人的一种联想，或者是教育作用，对人要有启发，不是单纯地自娱自乐。至于启发什么呢？我觉得他有自己的境界。黑先生是一个非常乐观的人，不是有人说他在蹲牛棚的时候还写对子吗？好像是说他和关先生被关在牛棚的时候正好下雨，屋子漏雨，只能睡在棺材板上，也能苦中作乐，写了一个对子：四门塔风雨连床，三教授棺上加棺。横批“乐在其中”。但是黑先生喜欢玩蛐蛐是真的，经常在他的桌子上放着蛐蛐笼子。我觉得也不是别的原因，而是那个时候全国都在搞新的书画艺术，他的这一套虽然好，但没有多少人喜欢，就是寂寞，连个说话的人都没有。我和陈玉圃两个人是比较独特的学生，完全信任他，跟着他的节奏走，临古画，从宋画开始，到四王、任伯年等，都认真临摹，所以他也教得上心。至于其他人，毕竟是学校体制下的学生，肯定得去学素描速写，得去接受其他方式的教育，因此能在多大程度上接受黑先生的指导就值得思考了。

我经常去看黑先生画画，受到他的影响比较大，甚至在我的很多作品中可以看到黑先生的影子，不过黑老师并没有要求我学他，甚至根本不希望我临摹学习他的绘画，而是希望我们能从古人入手。后来说他要求“师造化”，我觉得这个说法至少是在师古人之后才进行的艺术实践，否则“师造化”就无从谈起。

问：您老提到陈玉圃先生，能不能谈谈你们的关系？

答：我和陈玉圃的关系很奇特，首先我们俩是师兄弟，然后我们又是亲戚，他表妹是我的夫人。正是这样的关系，加上对于艺术的共同爱好使我们真正成了特别好的朋友。无论是一个什么样的态势，都不会对我们的友谊有什么伤害。因为打小就结下感情，有时候比亲兄弟还要亲。当然，这不是说我们对于艺术的追求没有不同，毕竟我们的人生经历不一样，我一辈子都比较顺利，虽然谈不上大富大贵，但在每个阶段都比较顺利。（我想这跟他的心态有很大的关系，宝珠老师首先是一个非常聪明乐观的人，同行的一个弟弟说，宝珠老师很聪明，什么都懂，就是不说，有点大智慧的感觉，同时他也很和善，并不直接指出其不足之处，而是用一种商量的口气点出来，既照顾了对方的面子，也说明了自己的观点。宝珠老师年轻的时候就是这个心态，有一次济南刮大风，他回到家发现自己搭的房子被开了天窗，师母有些失落，但宝珠老师却哈哈大笑，说要见天了，挺好。这种心态实际上一直到现在都有，我们去他家里访谈，发现宝珠老师光着脚穿着一双裂了口子的拖鞋，正在上下楼看水管的问题，实在看不出是一个近七十的老画家。一般我们内心里的老画家都是比较温文尔雅，说话慢条斯理的，但宝珠老师却颠覆了这个概念。不仅如此，他还在坚持练武，经常到千佛山的树林里去比划

比划。他身体好，心态好，画起画来也不累，一天画画就当休息，这个状态真得是要羡煞旁人了。）

那个时候，我们一起跟陈老师学画，他就介绍我去认识黑老，黑老很喜欢我，因为我性格比较外向，不像玉圃内向一些。黑老是真喜欢陈玉圃这个学生，不止一次夸奖他，这让我有一种追赶他的冲动，但更多地是为他的成绩高兴。

我们曾经一起去曲阜卖画，赶集，因为我的画老是来回换，以吸引人的注意力，所以卖得比他和陈启业好，后来我赶回济南办事，结果他们俩就被类似现在城管的人员把画都没收了。这都是我们在一起经历过

《桃枝松鼠图》

（局部）

卷　纸本　设色

26.3 x 44.3 公分

台北故宫博物院

此画构图简逸，一桃枝曲折向上，呈S型，每一个转折都有树叶作为点睛，右边两个硕大甜熟、白里透红的蜜桃，和爬在枝条左边的松鼠形成比较，动态十足，却又安静淡然，这跟钱选在绘画创作的过程中增强了构线的书写性有很大关系，真实并不是艺术的精神，天机所在，才是艺术的核心。

的事情，很有意思，也说明那个时候我们真的是比较艰苦，没有固定的收入，尤其是他们俩都是农民，只能用这个方式去赚钱养家。还是现在的艺术家舒服，大多都有比较固定的职业，有政府给开着工资，可以专心画画，多幸福。要是我们年轻的时候有这样的条件，画画的收获或许会更大吧。

以前他去了南宁，就是我送老太太到南宁去的。那时候火车票很难买，只有一张卧铺票，我看她老人家累，就给她按摩。列车长对我说只要看到我躺下，就把我赶出卧铺车厢，我就坐着没有睡过。然后是到上海换车，因为那个时候没有动车，去南宁要走三天两夜，老太太怎么受得了？所以在上海停了下，我找朋友安排的，给人画画，洗了个澡，休息了一天，然后再去南宁。要不是很好的关系，谁敢担这么大的风险带个老太太出门？我们俩的感情确实不能用常规的理解去界定。

那时候他正受难，我在集上看到了他夫人凄凄惶惶地卖画，心里可难受了，眼泪都要流下来。玉圃的生活比我跌宕起伏，苦的时候真太苦了，不知道他们是怎么熬下来的，也许就是因为他的这种经历，对于艺术的理解会更深刻一些吧。

问：您的艺术追求是什么？

答：在我看来，绘自然山水之景并非国画山水之所长，也没有必要，因为艺术追求在于“境与性合”、情景交融。古人说：“上下四方曰宇，往来古今曰宙。”中国人所理解的山水画艺术是包括整个宇宙的丰富世界。总而言之，中国山水画艺术不仅表现山川丘壑的美态，而且强调以画家的心性去体会宇宙精神，把握自然生成发展变化的规律，然后创造出一个融合了画家的感觉、心态和历史自然观念的全幅生动的精神化自然。这样的一幅山水作品不仅表达了某位画家某时某地的心境，而且表达了千百年来中国画家代代传承的心境，映射着中国哲学的精神。我们是中国人，不可能去追求西方文化要求达到的境界。这是我的一个文化原则。要我按照西方的要求去造型，去画画，我不是不能去做，但真的是没有兴趣，也画不好。那不是我的长项，我花了几十年时间就学中国画的线条，学它的境界，不想换西方的方式。我是山东人，我喜欢中国传统文化。

我自幼生长在民风淳朴的济南，奔涌的黄河在此蜿蜒而过，巍峨的泰山耸峙一方。我曾一次次地漫步黄河岸边，听涛声阵阵，看浪花奔腾；我还曾70次登上泰山，七十二峰峰峰都留下了我的足迹，山间的断涧寒流、幽花杂草都入我的画眼；我特别钟情于孔子故里的松柏，心仪于它那种坚忍不拔、傲雪凌霜的伟丈夫气概。可以说这些自然之境早已深深化入我的血脉之中。每当我拿起画笔，总是涌动起种种情高意远的遐想和感觉。此时，或为山，或为石，或为云霞，或为林泉，或为青山叠翠，或为春水绿波，随意应手，倏若造化，而都出于情，出于爱，出于沉思，出于憧憬。这是我的艺术宣言，这一辈子是肯定不会改变了。

基于以上的认识，在山水画创作中，我尚抒怀而轻摹拟，略形貌而重精神。在对名山大川饱游饫看的基础上，“致广大，尽精微”，力求用自己的艺术带给大家一个幽深渺远的山水灵境。我最大的追求是要把自己的全部艺术情感倾注到画幅中，创作出富有艺术个性的精神化山水之作。因为只有这样的作品才能把我的思想和感情充分地表现出来，感动我自己，感动他人。如果一幅画连自己都感动不了，又怎么可能感动别人呢？

第四章 诸位名家评张宝珠

（一）

陈绶祥（著名文化学者，美术史家、文物鉴定家、书画家，中国美术家协会会员，享受国务院特殊津贴。曾任中国艺术研究院美术研究所副所长）：

张宝珠的作品有三个很显著特点：

第一，他画的是“画”，不是“东西”。现在几乎所有在中国的的画家都在画东西，而不是画画。这是一个非常关键的问题。画家不是画画，我们看什么呀？“画饼充饥”，不是在画画。画的马能骑吗？画的媳妇能娶吗？中国绘画都没有东西的功能。而现在人看画，却是把东西的功能、钱的功能，取代绘画的功能。今天，张宝珠的画给我们第一个好处，最普通的，他画的是一幅画。我们终于可以看画了，来中国美术馆是看画了。不要小看这个平常的道理，很多人一辈子悟不到这个道理。画了一辈子画，不是在画画，是在画东西。你说倒霉不倒霉？有很多老前辈都死在这上面，还有很多老前辈到现在也一事无成，因为他画的不是画，画的是东西。

第二，他画的是中国画。近现代曾经有人要“消

《六祖截竹图》

梁楷

宋

纸本

日本东京国立博物馆

梁楷用笔极为粗率，但又笔笔见形，欲树即树，欲石即石，“心之溢荡，恍惚仿佛，出入无间”。其用笔快如风，简捷、痛快，顿挫明显，却总有一种精神贯穿，读之不免有怅然若失的感觉，此即禅也。

灭中国画”。现在“消灭”不敢说了，就说“改造”。大家知道我们近现代“改造”的是什么吗？改造的是资本家，改造的是二流子，改造的是地主。现在还有地主、二流子、资本家吗？没有了。改造中国画就是消灭中国画。回到这个展览。我说张宝珠画的是中国画，什么是中国画？不是拿毛笔、宣纸绘画出来，就叫中国画。中国画包含了一系列的中国文化，最主要的它是利用汉字、汉语进行思维、进行参与、进行观念传达的，这是根本，不能改变。因此中国画的涵义是中国人的思想、中国人的观念、中国人的方式、中国人创造的材料元素以及中国人整个审美体系的表达，它集中反映了中华文明和中华文化的根，这才能叫中国画。现在我们要文化立国，却找不到一本中国画教材，一个真正纯粹的中国画！可以说，当前中国大量的画家是工匠。工匠学画过去是师承，以画谱为主。第二部分叫士人画家，或者叫院体画家吧。这一批画家很简单，他们是以绘画入仕的。他们不是以绘画改造自己，他们是以绘画适应社会、改造社会、实现自我的。这部分画家的基本特征，大部分人学画画是走“家数”的道路。跟哪一家数，然后不停地掌握各种技巧，最后进入到专门的机构，最终的目的是为最高统治者的政治利益、经济利益、审美需要服务的，这部分人是中国画家的非常主要的群体。还有一部分画家画中国画。用描法体系、皴法体系、点染体系等，这些特征张宝珠都具有了，他给我们提供了中国画。

第三，宝珠先生是一个追求文人画风格、融会贯通了诸多流派，保存自己流派风格的画家。现在这种画家不多，因为黑伯龙先生并不是一个非常知名的画家，也不是一个在市场上非常走俏的画家，他的流派不占上风。我们有很多流派，很多人学李可染，很多人学黄宾虹，因为李可染的学生跟黄宾虹的学生都当着权，当着这个院长、那个院长，这个主任、那个编辑，学生跟老师学，这样无可非议。而张宝珠给我们提供了一个新的借鉴。他从元人入手，从明人出来，笔墨应用自如，为我们提供了一个我们能看到的新流派。

对于他个人，我也有一点期望，不要赶时髦，画是画你自己。真正的画是出自画家的心、眼、手、笔。山东人最好的地方就是在最朴质处最见精神，你有这么一个特点。我觉得我们互相共勉。

陈玉圃（著名艺术家，南开大学东方艺术系教授、硕士生导师，中国美术家协会会员）：

孔子说："岁寒然后知松柏之后凋也！"中国人喜欢松柏多半是欣赏其岁月寒凋的品格而作为君子的象征。天下松柏之美莫过于泰山和曲阜，泰山山高风疾，故其松多雄奇遒劲，如蛟龙出海；三孔（孔府、孔庙、孔林）多汉柏，历经数千年风雨沧桑，故其枝柯蟠曲，老辣纵横、如巨蟒腾空，撼人心魄！

世人欣赏松柏，诗人讴歌松柏，画家则画松柏，古今皆然。张宝珠自幼生长在民风淳朴的山东济南，奔腾东下的黄河裹着泥沙呼啸而过，素有"五岳之尊"美称的泰山则拔地起万仞，蜿蜒数百里，巍然屹立！所谓地灵人杰，无疑给张宝珠的精神世界注入了几分豪侠之气。他爱泰山的雄伟，所以很多作品是泰山题材；他也爱黄河的豪放，《黄河两岸披新妆》就是他成名的处女作。然而他最爱的还是松柏，且字号"苍斋"以铭其志。于是，日夕陶醉于松柏，凡画必画松柏，最终以松柏铸画魂，而成为驰名海内外的画家——"张松柏"。

许多年来，张宝珠无数次登泰山，游三孔，凡写松柏画稿不下数百千本，创作松柏图也不下数

《静听松风图》

马麟

宋代

绢本 设色

纸本

台北故宫博物院

马麟用笔较其父马远多了一份秀润，这是富二代的气息，也没有必要掩饰。在富贵言富贵，其实也是合乎大道的。

靜聽松風

百千幅，许多作品参加国内外画展或获奖，先后出版了《松柏画谱》、《张宝珠画集》等。1995年，中央电视台对张宝珠的绘画艺术进行专题报道，其国内外影响可算不小了！只是张宝珠的松柏画艺术何以博得那么多观众及同行的喝彩呢？翻开《张宝珠画集》和《松柏画谱》认真阅读，窃以为其妙有四：

一、笔健。宝珠用笔以雄健著称，笔姿纵横有大丈夫气，这是成就张宝珠绘画品格的重要因素。众所周知，中国画主要是以线条造型的，甚至有人说“中国画的艺术实际上是线的艺术”，所以对线的品质及用线（即用笔）的方法特别讲究。五代山水画家荆浩就曾著《笔法记》，陈述笔法运用的要领，提出“生死刚正谓之骨”的见解，可见线的运用在画面上起着骨架的作用，而且线在运动过程中的韵律感更给画面注入了勃发的生机，所以用笔需有力，求力当得法。若笔力孱弱，则画如人得软骨病，必然行动艰难，精神不振。黄宾虹说：“用笔需重，重则厚而古。”所谓重厚以求其力。元画家倪云林谈王蒙的笔力时说：“王侯笔力能抗鼎，五百年来无此君。”可见古往画家对于笔法笔力的重视，因此画家对于线条的运用，往往穷毕生精力，千锤百炼，期有所成。而真正精于此道的画家并不多见，所以古人发出“吴道子有笔而无墨，王洽有墨而无笔”的感慨。张宝珠少时得入先师黑伯龙门下。黑老笔法生动飘逸而不轻浮，笔力雄健，力能抗鼎，故能举重若轻，潇洒自然。

二、作画贵在“神似”，顾恺之说：“传神写照尽在阿睹中。”当然，这是就人物画而言，眼睛是灵魂的窗子，那么作为松柏藏神的窗子究竟在哪里？张宝珠经过多年的观察，认定松柏藏神的窗子在乎“势”。能得其势，自然风神洒然而出。势从形出，记载着古松柏数千年风雨沧桑的历史，显现出坚韧不拔、傲雪凌霜的伟丈夫气概。当你登上泰山之巅，走进三孔，但见松风柏涛其势如潮，或昂然挺立，捧日携云，或据壁斜飞，苍龙腾空，或巨柯婆娑如风鹏展翅，或枝干曲屈，如巨蟒盘旋，如搏、如攫、如飞、如动，奇形万状，莫不以势成之。张宝珠既谙此理，松柏情状又了然于心，每于醉后挥毫，纵横挥写若不经意，而洋洋洒洒，气势夺人。所以宝珠所画松柏以笔势助松柏之气势，笔势、形势相成，而松柏之风神气度洒然纸上。至于松柏阴阳向背之姿致，风雨晦晴之变化，或苍劲，或雄奇，或淹润，或老辣，或轻举，或肃穆，或吟，或啸，或动，或静……一一在宝珠笔下以势成其神妙。

三、约略概括、删繁就简是张宝珠绘画艺术的又一“妙”处。“触目横斜千万朵，赏心只有两三枝。”高明的画家善于在触目横斜、千枝万朵中取其赏心悦目的三枝二枝，而无限春色尽在画中，真所谓“作画如用兵，以少少许胜多多许者为上乘”。张宝珠爱松柏，日夕与松柏为友，写松柏，画松柏，胸中原有松柏万株，但宝珠明白，绘画虽然是造型艺术，然而形似却不是绘画的终极目的。李可染曾说“不与照相机争功”，可见“外师造化”虽然是绘画艺术的必经之路，但“中得心源”才是绘画的终极目的。作为画家不仅需要研究、认识形象，尤其应懂得忘掉形象。“忘掉”并不是指简单的否定，而是一种筛选，一种去伪存真、吹糠见米的明智之举。只有约略其形，始能凸现其神，就像黑暗中眼睛显得特别亮一样。张宝珠笔下的松柏多经过大胆的裁剪，取得最富有代表性的部位。或凭空一干，上拂云天，或斜出数仗，如龙凌烟，其形虽简而风神翩翩，笔致飘逸，格调高古，此皆深得简形之妙也。

四、中国画尚写意，何谓之意？“意”就是心音。意因情动，情贵含蓄，如情人之相对一笑，多少柔情蜜意尽在不言中得之。此一笑意境深邃，远胜过千言万语。中国画贵含蓄，使观画人如闻弦外音，画外有画，余韵无穷。倘画面繁琐，面面俱到，如诗写白，使一览更觉无余，兴味索然！或画面简单，更无余韵，气弱神疲，欲振乏力，使观画者沉沉欲睡，此皆不知“意蕴”之理。宝珠所画松柏多挺劲而飞动，如猛士昂首凛然不可犯。或寒鸦数点，余霞落照，发人不尽沧桑之叹，或衬以殿宇楼台，寺塔耸秀，则境界愈现幽静而古穆，或云烟缭绕，群峰出没，则迷离变幻发人方外之思也！苏东坡说：“观士人画如阅天下马观

洞天山堂

《洞天山堂图》

董源
五代
绢本 设色
纸本
台北故宫博物院

白云皑皑，巍巍群峰，林密谷深，清涧激石，阁楼峥嵘，或隐或现，此所谓“洞天”者也。此图清代王铎断定为董源所作，王铎气节有亏，想来也会委屈艺术，敷衍藏家，其之判断自然十分可疑。不过，此图用笔厚实，用墨浓重，以长皴短点相间而成山石，再复加染以浓重墨色，自然有一种浑雄苍郁的气势。

其意思所在耳。”陈简斋则咏墨梅说：“意足不求颜色似，前身相马九方皋。”张宝珠大笔狂墨，逸笔草草，于洋洋洒洒中尽得意思所在，是真得“意蕴”之妙！

55岁的张宝珠正值国画创作的黄金时期，切望张宝珠有更多、更精彩的作品问世。

又：

我跟宝珠十六七岁时就在一起学画，是非常要好的朋友。看到他在这个地方办展，我从心里头感到非常高兴，同时又有一点隐忧。

宝珠的画，作为同行都会拍手叫好，可事实是，真正欣赏张宝珠画的人，且不说能画这类传统绘画的人，现在也已经很少了，想起来我觉得有点凄凉，颇有些恨知音之稀。我想，张宝珠也应该是很感寂寞的，知音应该是很少的。不过，也恰恰就是那些耐得住寂寞的人往往能够登到艺术的高峰，为什么？因为他们没有受到外物所累，名缰利索，于是就有了真性情。绘画的灵魂就是真性情。如果绘画没有真性情，那就不叫画，画的就是“物象”，也就是物形，大家都拘泥于物形。

古人讲：“圣人不以外物所累。”如果被外物所累，这个马是什么样子的，那个驴是什么样子的，就应该画成什么样子。因此，他说是在画那个“东西”，而不是画“画”。当然，他说的“画”也不是纸面意义上的画，应该是画家心中的“画”，也就是他的真性情，即他对世界的理解，对人生的理解。

作为一个画家，尤其是一个中国画家，本来就是中国文化的一个部分。中国绘画植根于中国文化，中国文化最终就落实在人的真性情上。在现实中，我们受外物牵累得太多，对名利看得太重，还有政治的干扰，社会诸多因素的干扰。特别是在文化大革命的时候，画家的心已经被撕碎了，已经不能集中在一起了，已经不是真心了，那时候出现的画，充其量就是匠画，缺乏灵魂。

宝珠的画是有灵魂的绘画。他之所以能到这个状态，除了用功之外，更多地得力于他的秉性。如果让我评价宝珠的画，可以用两个字概括，就是“大气”。刚才有人问我，对于打造“山东画派”有什么看法？我个人的意见，对于“打造”我不太认可。为什么这么说呢？因为“画派”这个提法，本来是理论家为了研究方便，针对历史上的画家总结出来的，因此“画派”不是打造的。那有没有“画派”存在呢？理论上讲应该有。根据地域的差别、文化的差异，还有师承的关系，就形成了一些画风相近的画家，于是理论家称之为“画派”，这是为了研究的方便。画派对于画家来讲却是一个障碍，不见得是一个好的事情，因为绘画本是真性情的。如果没有真性情，哪来的绘画？如果千人一面了，万人一面了，虽然表面上壮大了队伍，形成了画派，乃至可以称王称霸，但却未必能名垂青史，也没有什么意思，因为这个东西是以大批的人的牺牲为代价的。我认为画派不用打造，但如果非要打造“山东画派”的话，让我说其理论依据，也是两个字：大气。

泰山除了文化积淀非常深厚，也是历代帝王封禅的地方，泰山拔地而起，海拔1500多米，确实非常雄伟，而泰山的形状本身也非常雄浑厚重，再加上黄河，就形成了齐鲁人这种雄放浑厚的性格。齐鲁文化就应该是雄厚的、雄浑的，这就是“大气”。所以，我说真要是打造“齐鲁画派”的话，其实也应该是“大气”。

宝珠的画就集中了大气。体现在什么地方呢？更多地体现在用笔。我经常说，宝珠的用笔好。倪云林曾经夸奖王蒙说：“王侯笔力能扛鼎，五百年来无此君。”这个比喻确切与否再讨论，现在来看宝珠的画，确实可以用“笔力扛鼎”来形容。例如那个八尺的竖幅松柏，构成树干的线，一条线起码一米多长，给人感觉是一气呵成的，举重若轻，这一点非常不容易。

我们知道传统文人画大多是属于把玩的，是在手上看的，或者是册页，或者是扇面，或者是手卷，都是把玩的，往往是看笔墨的韵味。现在，因为当今这么一种环境，宝珠要举办这样的画展，他就要画得大一点，要不人家看不清，更谈不上把玩了，于是就出现了丈二匹的大幅作品。要把文人的笔墨韵味放大到一张八尺的画上，一条线就那么长，确实不容易，确实需要几十年的锤炼和功夫，尤其是对线本身美的认识。在这一点上，宝珠的确功力惊人。年轻的时候我就佩服宝珠。佩服他的线条结实，陈维信先生也说他画得有力！

此外，赵孟頫为什么提倡古意？其实他就是反对时髦，反对时风，希望大家回归朴实、真实，就好像韩愈的古文运动，回归到汉朝以前的那种朴实的文风。为什么返璞呢？就是为了归真。我经常说张宝珠是一个天才画家，他未必读了那么多书，但是好多读了好多书的人未必赶得上张宝珠，这是他的天性使然。有时候，他喝了酒，什么都忘了，所有的烦恼牵挂都没有了，然后就寄情于笔墨，自然暗合返璞归真的状态。体现了内心的真实，那就是古意，那就是近古。所以，这一点是值得我们学习的。今天有很多学生在座，作为学生，你要从哪里学？你不要学他画一个松柏，要学他的内心。黑老师曾经对我说过：“不要学老师，要学老师的老师。”当时的理解“学老师的老师”就是学传统。我现在有更深一点的理解：“老师的老师”就是丰厚的中国文化。丰厚的中国文化归根到最后就是内心的真诚，所以艺术的灵魂既不是创新，也不是复古，而是真诚。

我们两个是同学，很多人以为会是过誉之词，夸奖他，其实不是，我非常了解他，他的缺点我知道，他优点我也了解。他真正出精品的时候，他自己之后也达不到。这一点有一点像黑老。黑老的绘画精品无人

高〻亭圖

《高高亭图》

方从义
元代
纸本 墨笔
台北故宫博物院

此轴款题："李君子高，昔于南谷文人座上会之，今不远百里求予图此，已三年矣。醉后纵笔写之如此。方方壶。"此图乃酒后所作，精神放松，墨渖淋漓，浑朴高古，自然是放逸神品。

能及，就是那种真诚状态没法复制。现在，受西方文化和美术思潮的影响，中国绘画的审美偏离了方向，于是大家都在画那个东西，而不是画画，于是就开始制作，就开始模仿，或者复古，或者开始学西方，结果失去了内心的真实。我为此感到悲哀，内心也隐隐有些酸楚，感觉中国绘画在这一代就会消亡了。有人说中国绘画不会消亡，我认为中国绘画肯定要消亡，且不说万事万物有开始必有结束，仅是面对着强大的西方文化、经济利益的蛊惑，中国画的生存也岌岌可危。

大家都看重金钱，看重强大，却不了解生活的幸福在于节制。我们传统文化是以和谐为中心的，本来就不是要求一种强势的文化。我们的文化要求和谐，我们要求这个世界要和谐，文化和谐，世界和谐，人与人之间和谐，与大自然和谐，我们生存下去需要和谐，但是西方工业文明以创作为本质，以科学为动力，以欲望为动力，肯定是一种强势文化，面对这种文化，你说还有什么希望，我不抱什么希望，事实上讲我很悲哀。

我很高兴在这一生中能有宝珠这样的画友一直相伴。

陈传席（中国人民大学教授、博士生导师，南京师范大学教授、博士生导师，国务院特殊贡献专家，中国美术家协会理论委员会委员。曾任美国堪萨斯大学研究员，上海大学教授、博士生导师）：

凡是好画，都必须有一股清气。当然，有的画突出霸气、雄气，有的浑厚、朴茂，有的刚猛、激烈，但必须有清气作为基底，才可称为高雅的艺术。俗画、死画是肯定没有清气的，也正因为没有清气，才俗、死。而浑厚、雄强、刚猛的画如果没有清气为基础，格调也不会高，有可能变为粗鄙、恶俗。而柔和一路的画如果无清气为基底，就会变得软媚、俗赖、萎靡、死气沉沉。故评论一幅画的优劣，清气至为重要。

张宝珠生于山东之济南，济南号称“泉城”，既有趵突泉、大明湖，又有千佛山、舜耕山，南临泰山，清幽之气荡漾其间，幸而得其气者，秉赋之中既有之也。宝珠之父曾为警长，文笔佳，书法秀美，也是有清气的。宝珠秉性中有此清气，此其一也。

宝珠少时即好画，从师于山东名家黑伯龙。黑伯龙即教以清王石谷之法，王石谷乃江南虞山人，其画亦属清幽一路。宝珠少时即临习王画，其童子功中即有清气。而后自王石谷上追宋元诸家，有了踏实的传统基本功，再加上变化，但清气已不离其中矣。

宝珠是山东人，秉性中除了清气外，又有山东的大气、豪气、雄杰之气，形之于画，也就有了豪气、大气、清气。画家能不能成功，画能不能传下来就是靠这股清气。

宝珠的正大气象和阳刚大气不是霸悍气和粗鲁气，更不是浑浊气，而是有中国特色的艺术体现，具有一定的文气。有文气的作品才耐人寻味，缺少文气就缺少深度。他的雄浑里有内秀，刚猛里有文雅，这就使他学习王石谷及宋元诸家的面貌得以改变。

风格即人格，宝珠为人性情坦荡率真，洒脱有豪侠气，作品也是他的性灵表现，他的山水画苍莽热烈、情纵神驰、重韵得势又空灵无迹。在他无人能及的勤奋执著和极富才情的作品背后是一种不加修饰的原始美，坦坦荡荡，顺其自然。“洗尽尘滓，独存孤迥”，比起那些只追求形式美的画，他的作品气韵蓬松，得山川元气。最不经意最荒率处最得神韵，不知然而然，一任真精神之流露，其画必是真画。

宝珠精于山水，尤擅松柏，人称“张松柏”，盖于山东多松柏。泰山之松苍而古，泰山之松、五大夫之松，又有曲阜孔林之松与柏，孔庙之松与柏，宝珠徜徉其间，见其形，感其神，壮其苍古，羡其气节，心慕之，手追之，故不唯得松柏苍古之形，更得其淋漓不可侵犯之慨，所以他笔下的松柏里有特殊的精神和性格，故不同于一般。

宝珠的画从传统中走来，下笔生动，墨法灵活，大气磅礴，并有苍莽之气。他的风格也是在传统的基础上自然流露的人格魅力，表现着他的性情，不拘于形象似与不似，也不计较笔墨的得失是真正的艺术。

卢禹舜（中国国家画院常务副院长、院务委员，中国艺术研究院博士生导师，哈尔滨师范大学副校长，全国政协委员，中国美术家协会理事、中国画艺委会副主任，中国画学会副会长）：

我和宝珠先生相识多年，他是性情中人，他的为人和作品，我都非常欣赏和钦佩。2008年的时候，宝珠先生在中国国家画院美术馆举办过一次展览，当时感触就很深，时隔四年，宝珠先生又在中国美术馆举办这个展览，更加全面地让我感受到了其作品中独特的韵味，领略到作品背后宝珠先生超拔豪迈的精神气度和风骨。

山水画自东晋顾恺之发端到南北朝再到隋唐发展为独立画科之后，两千年来，曾有数不尽的艺术家在这条道路上孜孜不倦地求索，丰富充实和完善着山水艺术，形成了独具中华民族特色、反映民族文明进步的形象。近百年来，更有一批批新老艺术家以浓烈的爱护民族优秀文化的热情和远大的文化抱负、文化责任、文化使命，在继承、研究民族文化传统的基础上，立足中国，面向世界，学贯中西，广取博收，极大地推动了山水画的发展，极大地丰富了中华民族的文化宝库。这其中，张宝珠先生作了艰苦的努力。张宝珠先生师从黑伯龙、陈维信先生，并深得诸如马远、夏圭、明四家、清四王及四僧之精髓。他从事山水画创作数十年，积累了大量优秀的作品，并取得了丰硕的研究成果，形成了“秉

寫來三祝仍三竹畫出華封是兩峰
總是人情真愛戴大家羅拜主人翁
乾隆壬午
板橋鄭燮

《竹石图》

郑燮

清

纸本 墨笔

修竹数竿，高低错落，挺拔清秀，颇具清爽高洁之精神。用笔道劲圆润、疏爽飞动。竹后山石以淡墨轻扫，竹叶则浓淡相映，虚实相应，气势骏逸，傲气风骨令人感慨。所谓“板桥之六分半书”也。

承传统，师造化以明心性”的松柏境界。我想宝珠先生的境界形成有这样几方面的滋养。

首先是热爱传统、尊重传统、研究传统。宝珠先生一直主动增强民族文化自信心，自觉承担起弘扬民族文化精神的责任。他对“水墨”这个最具民族精神特点的语言有着深刻的理解和认识，所以他的作品让我们感受到的是对自然客观色彩的抽象与升华，是对五色斑斓尽写真情实景的超越。每幅作品都深刻地体现了他在精神上的自由神畅和无限想象，使自然空间与精神空间、视觉感受与内心体验有机地统一起来。

中国绘画有“咫尺万里”的说法。杜甫“咫尺应须论万里”的观点已经成为中国画的纲领之一。宝珠先生笔下的山水、松柏就有咫尺万里的气势，这是一种大境界，我想这离不开画家与自然的浸润涵养、默领神会，也离不开岁月流逝中画家丰富的人生感慨和独特的生命体验。“松柏”只是宝珠先生捕捉的一种形式，一个“引子”，引出的并非是具象的世界，而是他深沉的生命体验和诗意理想。创作的成功与否，关键在于画家生命的穿透力。宝珠先生无疑是成功的，他的作品中充满了丰富的人生体验和宇宙情调。

晋人说：“吞吐大荒。”明代李日华有题画诗云：“蓄雨含烟五百峰，吞吐常在老夫胸。”在宝珠先生的作品中，我感觉到墨气激荡、元气淋漓，有一种达观之美，这种达观是在气的吞吐中产生的。在他的笔下，大千世界相与吞吐，俨然而成生命世界，气化世界既生机流荡，同时又是富有节奏的流荡，自成一种美的境界。

其次是热爱生活、感受生活、拥抱生活。宝珠先生数十年如一日的在自然中临风思雨，仅泰山就登临七十余次。他始终自觉地践行“师造化，得心源”的艺术原则，始终践行贴近生活、贴近实际、贴近群众，进而贴近心灵的艺术主张。主动使自己的创作定位在不脱离客观感受的主观主义再现所导致的艺术语言的干瘪贫乏，又不脱离主观体验的客观主义表达所导致的内涵简单和浮浅，所以宝珠先生的作品是专家点头，群众拍手，自觉地用自己的艺术实践满足了广大人民群众日益增长的精神需求。

宝珠先生乐于也擅于表现松柏意象，几十年无数次地深入泰山，与松柏相惜相伴，与泰山、松柏之间已经形成了一种“知音”关系，因此他能够体物、达物，以传神之笔写出松柏的精神气质，这与他内在的精神气度和人格理想也是相应相和的。观宝珠先生的作品，笔笔有气势，

《墨兰图》

郑思肖
南宋
纸本 墨笔
日本大阪市立美术馆藏

题款曰："向来俯首问羲皇，汝是何人到此乡，未有画前开鼻孔，满天浮动古馨香。"读画思人，想所南翁伏案而泣，亡国之痛何如哉！

墨气能吞吐。整体画面清气充盈，跃动着生生不息的生命节奏。生生是"活"的，而且是有节奏的"活"，带有一种独特的音乐精神。

再有就是赋予创新、勇于创造。创新是一个国家民族精神的灵魂。宝珠先生始终以继承传统文脉、开拓创新的精神来指导自己的艺术实践。他深知传统的高度永远无法超越，只有一代一代地把文脉传承下去，才能建立适应当代需求的标准、价值导向，所以他自觉、主动地以科学发展观念和文化创新理念来践行和谐文化与精神家园的建设，自觉地传承优秀先进的民族文化传统，主动地抵制腐朽落后的文化糟粕，形成了孟子所说的"富贵不能淫，贫贱不能移，威武不能屈"的松柏境界。

清初有一位很有影响的诗人、刻书家张潮，他曾将人的境界分为三个层次，第一个层次是牖中窥月，第二个层次是庭中望月，第三个层次是台上玩月。在窗户内看月是一般的境界。第二层次的境界扩大了，人走出了狭小的视域，看到的是较为广阔的天地。'台上玩月"则有登泰山而小天下的气势，是包裹八极、囊括宇宙的境界，这是站在世界的高台上，不是自高自大，而是心灵的优游回环。从作品的境界来看，我觉得宝珠先生已经到达了"台上玩月"的阶段。

梅墨生（中国国家画院一级美术师，文化部文化市场发展中心艺术品评估委员会委员、理论研究部副主任，中国文物学会特聘专家，荣宝斋画院特聘

《古木苍烟图》

文征明

明

纸本 墨笔

故宫博物院

此图为文征明仿倪云林画法之作。古木扶疏，流泉逶迤，居室无人，一派冷寂气象，颇得倪画精神。然虽仿倪而有文征明自家的意趣，特别是用笔趋向中锋、山石造型趋向圆形，淡化了倪画峭拔之趣，而近似黄公望的画法。题诗云：“不见倪迂二百年，风流文雅至今传。偶然点笔山窗下，古木苍烟在眼前。”

专家，国际书法家协会常务理事）：

张宝珠先生的山水画气势很大，有一种动态的美。作为齐鲁画家，他的画作水气弥漫、墨色鲜活，颇见水墨韵致，用笔也灵动爽健。他的山水多从写生中来，有实景之美。留白布虚，烟云变幻、云水迷濛，很有感染力。他以画松为专长，纵横郁勃，体现出一种苍浑挺拔的生命气象，应该视为其心象追求的集中显现。

我觉得张先生的画整体风格很成熟，1980年时就是这样，大体风格已经形成，基本风格已经很成熟了，在风格上没有特别的变化。这次我觉得这次他的作品，还是以小品为主，册页很多，册页、小品有很多变化，每一幅的构图，每一幅的立意，或者说每一幅的结构、空间都力求不重复，有变化。这些小品显示张先生在构图，在处理画面上的才能，体现了他在中国画的气、韵、势技能方面的才情和功夫。

在风格变化不多的前提下，我觉得这次展出的作品比原来的画显得更精微，更精致，更严谨了，艺术上的锤炼更多了一些。张先生的画以气势取胜，才情比较大，是灵感性的画，他这次展示的作品更完整，每一件作品都很完美，在构图上推敲，包括画面的布置，画面的立意，都很成熟，很精致，比上次在国家画院的展览更精致、更精美、更深入了，气势还是他那种气势，笔墨还是他原来的那种风格，动态的美也是他形成的一种面貌。再一个就是他的山水有南方人山水的清秀的美感，清润的美感。他比较长于用水，他的画水墨淋漓，而且一气呵成，一管笔，根、腰、锋都要用到，所以线条的粗细变化、刚柔变化很多，黑白、虚实变化也挺大。所以这些就感觉他的画面很生动。无论是动态的，还是比较动态的，都能看出他画画时那种激情，这就是“写意”的精神。

他的画中写意的味道很宝贵、很独到、很有特色。他在艺术上的一个长处是有一些山东的景色，泰山的景色，还有其他一些地方，比如黄山，包括一些江南地区的景色，涉及的内容、题材比较多，可以看出他处在一个创作旺盛的高峰期，这正是一个多出精品，多出力作的时期。

张先生大幅小品都能为，大作品也很有气势，小品也很精彩，就是能放能收，体现了他艺术上的一种能力。

（二）

2008年9月24日在中国国家画院美术馆举办了“松柏境界——张宝珠近作展”，并召开了张宝珠水墨艺术研讨会，出席的画家、理论家有中国国家画院副院长卢禹舜，中国人民大学博士生导师陈传席，人民美术出版社编审刘龙庭，《美术观察》副主编赵权利，《美术观察》编辑部主任陆军，南开大学教授韩昌力，中央电视台书画院画家颜振东，中国国家画院教学培训部主任曾来德，著名画家李宝林、陈玉圃等。研讨会由《美术观察》栏目主持人徐沛军主持。

李宝林： 我与宝珠先生在20年前就认识了，当时就觉得他的画很好。20年后再次看了宝珠的展览，感觉很激动，非常大气，真是笔墨淋漓，而且对中国画文化精神和文化内涵的把握非常好。张先生的画，首先一点感觉非常大气，气非常足，笔非常壮，画也很耐看，这点很不容易。因为中国画是非常讲气的，即气势、气韵、气象。画的整个气也非常贯穿，这点非常好。另外笔头也很壮，而且这种笔头的壮是用淡墨来表现的，这点也很不容易。一般来说，有些画一放开，笔头一大，修养就暴露出问题，就感觉不够沉着，不够稳重，缺少静气，就显得比较野、比较狂放。张宝珠的画笔道很大、很放，但看了给人感觉很有修养，虽然整个画笔触很大，笔墨淋漓，很狂放，但给人感觉还是有中国画的静气在里面，这点更不容易。有些全景山水，要山有山，要水有水，要房子有房子，要水口有水口，什么都有，但就是看了之后就是没有中国画的文化内涵，就是没有个性，不耐看。而宝珠先生的画很耐看，不论大画小画都是如此，特别有些小画画得很好，整个画淡墨用得非常好，在淡的时候有丰富，有厚度，让人感到在淡墨当中很有看头。总之，我看了张宝珠先生的画之后，可学可看的东西很多，所以我预祝展览成功，预祝他65岁以后艺术上能更上一个台阶。

刘龙庭：张宝珠是我的同乡，山东人。40年前，我们的老师叫黑伯龙。张宝珠先生、陈玉圃先生都是黑先生的高足。宝珠的画我在20年前看过，这次看了，有耳目一新的感觉。首先，我想起了杜甫的诗句："元气淋漓障有湿"、"真宰上述天应泣"。徐悲鸿先生喜欢用"真宰上述"这四个字来鼓励大家。这两句诗是很高的境界，但是我们在北京看了不少展览，包括南方的陆俨少先生，北方的李可染先生、何海霞先生，还有傅抱石先生等等，"元气淋漓"这种感觉，傅抱石先生是有的，我不客气地说，北京的一些画家就没有。今天，我看了宝珠的画，我感觉还是有"元气淋漓障尤湿"的这种感觉。再有一个就是，我想起董其昌的两句话："若论丘壑的奇巧，则画不如真山水；以笔墨的精妙，则真山水不如画。"中国画不是照相式单纯地模仿山水，而是借山水来抒发画家的思想感情、画家的才气、画家的胸襟、画家的修养、画家的学识、画家的人品。通过宝珠的画，我感到很高兴，山东有这么一位画家，在北京也不差。在北京，李可染先生是我们的老师，也是一代宗师，学李可染，宝林先生算是佼佼者 。还有的人学得不太好，有的人越学越差。当然，南京学傅抱石的人也没有学好的，上海学林风眠的人也没有学好的，都没怎么在老师基础上再前进一步。当年，黑伯龙先生创作了一些大画，可惜没有流传下来，他是我非常怀念的老师。他比较推崇明人，如明代的吴小仙、戴文进等。黄宾虹先生也主张画家不要老去学习一些大家，应从二三流画家那里吸取灵感。我感到宝珠的画从黑伯龙先生那里继承了比较优良的传统，笔墨比较活、不呆板。上次陈玉圃、龙瑞、张复兴等巨幅山水画展的研讨会上，我讲了四句话，第一句是笔精墨妙，这个宝珠做得不错。第二句是气象万千。大画要是一览无遗，就不

雲氣蒼茫日觀峯
乙卯四月
南海康有為題
揚州羅聘寫

用画那么大了。宝珠的画，你要站在跟前看，笔法很活很流畅。另外，里面的山水云气真有龙蛇意蕴，把松柏的精神画出来了。大画要经得起近看，也要经得起远观。近看主要是看笔墨、造型、水墨变化。远看主要看气势、看章法。大画要讲境界、讲层次，小画讲笔法。宝珠小画的章法更完整、更精致、更静气、更有诗韵。另外，宝珠在书法上也下过很大的功夫。

总的来说，宝珠现在64岁，正是齐白石变法的时候，现在看身体也很好，精力也充沛。并从笔底下的力度看，他的画还有很大的发展前途，虚实相生，巧拙辅用。

陈传席：张宝珠的画，我第一个结论是不是真的不错，而是真的很好，加个"真的"。来看展览之前，我想北京画家的画我都看得差不多了，山东的又能怎么样呢？来了一看，很吃惊，确实也很好。刚才刘龙庭先生讲，就是在北京也不差。我想，在北京不是不差，而是地位就更高了。我经常讲黄山的迎客松，迎客松长得并不漂亮，也不古老。西安六个人抱不过来的松树比它雄伟得多，但迎客松的名气比它大多了，因为位置特别好。在黄山的要道上，国家领导人都在下面照相，很多画家都画。我从来不画迎客松，我对迎客松松品，不是人品了，不感兴趣。它是因为位置而出名。黄帝陵前面有一棵古松柏是全世界最大的，六人也搂不过来，黄帝陵那个位置也还可以吧，但不如黄山的迎客松位置

《邓石如登岱图》

罗聘

清

纸本 墨笔

邓石如曾作《登岱》诗："岱秩巍巍秉节旄，峻嶒直上走猿猱。一无所限唯天近，百不如人立脚高。过眼云烟失齐鲁，增封诸岳视儿曹。尊岩莫讶风尘迹，终古乾坤几布袍。"(《完白山人诗存》)图中所绘正是此诗的意境，用笔挥洒自如，淡墨皴染中用浓墨点苔，流云与突起的岩石相映衬，使山峰具有动势，人物更是可以传神。

好。处的位置好，就是很差的也会地位高。很多人，比如张宝珠的画要是在国家画院、清华大学、浙江美院，那他的地位就高了。你刚才讲“不错”，“不错”这个词用得不准，应该是“更高了”。他的画好在哪里呢？我总结了，第一是清气，画家能不能成功，画能不能传下来，就是靠这股清气。凡是好画，不论什么风格，泼墨也好，工笔也好，小写意也好，必须有清气才能成为艺术，这个清气既是天生的，又有后天的努力。什么意思呢？就像铜矿和金矿，本来就是铜和金，埋在地下了，但是你不开采，它就不会出来，你还得努力。如果本来就是铁矿，开采出来也不会是金。你要是画家的材料，它就会引导你成功。当然，要不是画家的材料，再努力也成功不了。这股清气是画家能否成为画家的根本，但如果画家不努力，这股清气也就泯灭了。“是金子总会发光的”这句话是十分错误的，金子埋在地下就不会发光，只有把它挖出来才能发光。画家努力的过程，就是挖掘的过程。清气越高，画家的水平就越好，价值也就越高。粗蓬乱头，外表很粗，但有一股清气在里面。我最近经常研究秀骨，“优秀”的“秀”，书法尤其要有秀骨。绘画也要有秀骨，要是没有秀骨，绘画水平就不会很高。宝珠的画里就有一股秀骨。你看，颜真卿的书法非常雄壮，当时人评价为“雄秀”、“秀美”、都有这个“秀”字。没有这个“秀”，这个话就不能成立，就像有的人粗粗拉拉的，但是他内里有货。没有内货，再干干净净也不可能有教授风度，西服穿再得好内里也没有东西。郁达夫穿得粗粗拉拉的，但肚里有货，知粗而温细。一个人内在不细肯定水平不行，价值不行。无论书法、文章、绘画，没有秀骨都不行。我曾经写了篇文章，怎么看出秀骨来呢，看一篇文章，就跟欣赏美女一样，你越看越想看、越有味道。越看越好看，这就是有秀骨，如果你看了不想再看，这就是没有秀骨。有人研究水平也可以，但文章里没有秀骨，我就不了想看了，看了很头疼。张宝珠的画里就有这个秀骨。也就是他体现出一股这是最可贵的地方。

再有，我看他的技法也很好，用笔很灵活。古人画论里专门讨论过用腕，如果解决了用腕这个问题，绘画技巧就解决了一半。六朝书法很沉稳，所以用腕也很微妙，他的绘画呢不属于沉稳，属于灵动，所以宝珠的画用腕很活。以前我画画的时候，越认真越画不好，画松针呢，一笔一笔，没什么味道，一用腕灵活，“啪啪”就出来了，肯定就有味道。宝珠的画就是如此，用笔 非常灵活，而且浓淡干湿是自然出来的。练习的时候要有浓淡干湿的想法，但画的时候不能老是想，这笔要浓，那笔要淡，它是自然流露出来的，这很不简单。另外，他大画的气势掌握了，小画也画得好。

我原来看完大画，以为没有了，有个小女孩，可能是他的学生，告诉我楼上还有小画，哎吆，小画画得也很好。是写生得来的吧？黄宾虹有句话说得好：对景写生在于一个“舍”字，对纸作画在一个“取”字。张宝珠舍得好，取得也很好。所以，张宝珠的这个绘画，在我看来，不仅在山东在全国也是高手之一。

曾来德：首先我赞同前面几位老师的话，我觉得他们能坦率地就艺术而谈艺术，给张宝珠先生一个评价和定位，这是很重要的，也是在艺术界最值得称道的。我觉得张宝珠先生的画跟他的人是一致的。任何画家，他的画和他的人都是一致的。今天看了展览以后，有几个感受，第一个就是陈传席先生刚才讲的，他的这个“秀”，我觉得再加个字，就是“雄秀”。为什么呢？因为张先生生活在泰山周围，泰山就体现的是“雄秀”。我在泰山的后山看过古松，看了始终无法忘怀。那种松柏精神令我想到京剧有个“泰山顶上一青松”。以前只是跟着唱，没有体会，只有看了之后，才明白为什么要写“泰山顶上一青松”，而不写黄山，不写别的山上的松树，就是张宝珠先生要写的泰山的松柏精神。

第二个感受是张宝珠先生的绘画表达了三气：气韵、气势、气象。有的人确实功底很深，修养很好，可以入经纬，有气韵，可以进入内心，可以把玩。有气韵，但没有气势，那是小家子气。有了气韵，没了气势，只能在一定程度上打动人、感染人。没有气象就没有办法跟天地相接，不能跟自然相接，不能跟整个历史的传承相接。张宝珠先生气韵、气势、气象都有了，这很不容易。要保证这三点，第一是笔法，第二是墨法，第三是章法。这三点是相对应的。在张宝珠先生的绘画里，这是我感受很深的。

第三个就是张宝珠先生的画地域感很强，一看他的画，你就想到是站在泰山上，或是站在泰山前面。我想山东人的文化、山东人的精神状态，就是泰山的那种感觉。有一次，我在山东一个关于书法的座谈会上曾经批评过山东书法界的朋友，我说：山东男人的书法比江南的淑女还要秀，不是一两个，而是有很多。山东的绘画，我不敢说，但张宝珠先生的画，我觉得是山东男人的画，而且把泰山的文化和精神痛快淋漓地表现出来了，这非常不简单。

再有，宝珠先生的这一口气，当今画坛有这口气的人不是很多，这口气不仅很畅，畅且达，就是能达到他想的那个地方。根据宝珠先生的年龄和他的绘画，他的后劲十足，尤其是二楼那几幅八尺的大画，使我感动。在这次展览之后，他的绘画艺术还会有飞跃。总之，他这个人，还有他的艺术很干净，非常健康，也很气派。这点也是我值得学习的。

陈玉圃：我跟张宝珠的关系非常特殊，我们十六七岁的时候就一起跟黑伯龙先生、陈维信先生学画。黑老师让我们从传统学习，陈维信先生讲究写生、创新，我们是同时在两种思想之下来学习绘画的。宝珠确实下了很大的功夫，我当时就很佩服他。他二三十岁时就画得很精彩了。后来他出了本画册，我为他写了一篇序，“松柏铸画魂”。就从松柏开始说他的风格也是一种精神，现在这个画展叫“松柏境界”，其实仍然是“松柏铸画魂”这么个意思。孔子不也说过“岁寒知松柏之后凋”吗？中国人喜欢它，就是因为它经过岁寒不落叶，仍然是青的，很坚强，所以过去的画家很喜欢画它，老师黑先生也特别爱画这个，而且画得非常精彩。宝珠性格也是非常豪放，特别象黑老师，所以他也喜欢画松柏，但是他画的和黑老不同。黑老用的是干笔，点子也是细的、干的，非常传统，重在表现柏树非常坚韧、非常坚强的感觉；宝珠掺了水墨变化，使他的柏树有点丰腴的感觉，非常苍韧又厚重。他虽然继承了黑老的传统，某些地方还是在写自己、写心。另外，这些年来西方绘画审美进入我们国家之后，东西方文化碰撞，使很多地方传统绘画都无立足之地了，包括黑老为什么名不出山东，因为他的画不可能入展，得奖，就在于大家对传统绘画都失去了信心，都去搞工艺制作了。张宝珠没有为了时髦去改变，没有弯腰，始终坚持一个“写”字，黑老说中国画就是一个“写”字，刚才刘龙庭、陈传席先生都讲了气韵问题，其实就是一个“写”字，只有它才能显现出人的精神、气韵、气势才能出来。这些年来，我们大家都不太重视这个字了。所以，我对宝珠这点很佩服，尤其是佩服他的画的气势。画家最终是画心、画自己。人不可能都兼顾到。美是多样的，有的是壮美，有的是秀美，宝珠的画是男子之美、雄美。我为他写过一首诗代序，最后两句是：遍看神州三百家，若论雄奇君第一。就是说一个“雄”，一个“秀”，气势雄强，就是他的绘画特色。现在，宝珠来北京办画展，也算是大器晚成，过去的时候，大家都不想看传统绘画，现在大家都开始反思传统，他也就因着这个时机来办这个展览，也算是对张宝珠的肯定，由衷地为他的艺术成功感到高兴！宝珠的身体比我好，他比我大一岁，他现在一天只睡四五个小时，非常用功，精力很好，所以他的未来会有很大的发展。

韩昌力：刚才我来晚了点，碰见了传席兄，他说：山东怎么还有人能画成这样，我怎么不知道呢？张先生在山东的地位很高，包括刘龙庭、陈玉圃先生，他们这代人都受黑伯龙、陈维信两位先生的影响，现在山东有很多年轻人又受到了张宝珠先生的影响，因着陈先生的因缘。我以前也看过很多张先生的画册，今天来得比较仓促，看得比较粗，但让我很吃惊，也非常震惊。我非常同意在座的几位先生谈的大气、雄壮、秀骨等等这些话，我们在座的大多是画画的、搞理论的，大家都知道，这说起来容易，但做起来难。比如有人说“大气”，有人就可能说“粗糙”；有人说有“气势”，有的人就说“粗头乱服”。这次呢，我特别有感触，尤其是张先生的这批小画，通过这批小画和大画的比较，给我的感触非常深。过去以为张先生画画痛快、豪爽，但这次一些小品很精致。这表明他有很多想法，表明他将来会有很大的发展。我们知道，说“大气”，谁都可以拿大笔抡，现在有很多这样忽悠的，抡起来不难，但怎么在这个“大气”的底下让它还有“秀”，怎么还有“雅”，这就比较难了。刚才刘龙庭先生说有些画家越画越让人失望，怎么会画到后来不会画画了？这自然是跟修养有关。但怎么修炼呢？像张先生这批小画，我看就是在精微处下功夫，他自己有考虑，画家都有他自己的具体办法，具体理论。他既然有这一步，肯定会有下一步。刚才陈玉圃先生说了，在这个年龄段还有这个精力，我想张宝珠先生的画会有更大的进步。

赵权利：谈点感想，就是看了展览感到比我想象的要好。陈传席先生有很好的评价，不是一般地好，是非常好。就目前的山水画、国画的创作来说，应该说是非常好的水平。尽管以前对张宝珠先生不太了解，但我觉得张先生作品的高度和他的知名度是不相符，他的知名度应该更高一些。展览体现了“松柏境界”这个主题，作品内容也主要是松柏、山水。总的来说，给我的感觉就是一种清雅之“气”，刚才陈传席先生对这一点也做了很深刻的评价，认为有清气作品才会高，我也这么认为。“清气”这个东西不是仅用淡墨、清色就能表现出来的，“清气”是一个画家通过自身的修养、人格、品格、技法，全面的修养才能得来的。这个“清”不是那么简单。对画家有这个评价是很高的。这是我对张先生作品一个总体印象。我觉得张先生的用笔用墨都是很好的，整个作品的云烟弥漫都是靠笔墨得来的，技法熟练在中国画学习中也非常重要，虽然技法不能决定作品的高低，但它是基础，张先生在这方面也达到了很高的程度。他的笔法变化多姿，他的用墨也非常丰富，当然，对墨色的运用也是对水的掌握，所以这个展览也用了“水墨艺术”，这个“水墨”跟“当代水墨”不一个概念。通过墨色，在他的作品中透现出一种“清气”，这就是说张先生的画已经登峰造极了。

许麟庐：宝珠是学黑老的，他学得非常成功，他的用笔用墨与众不同，与过去的画法不同。他以写生为主，他的山水里既有传统，又在传统的基础上加入了写生的画法。他的山水画里写生的东西很多，特别是大幅山水，都是写生的，是从写生里提炼出来的，这是他与一些画家的不同之处，也是他的独到之处。如果没有写生的功夫，就没有现在画得这么好，我非常喜欢他。宝珠有自己的追求，并不间断地追求自己的风格，他越画越深入，越画越有自己的心得体会，才有今天的结果，大家对宝珠的看法都是一致的。

范扬：泰山在中国人的心目上中有着沉甸甸的分量。我一直想画一画泰山，所以，我很关注当代画家笔下的泰山，山东张宝珠便是一位画泰山的高手。张先生画泰山松石，笔墨纵横，气宇轩昂，画南天门十八盘，高山仰止，一览天下，确实画出了泰山雄踞东海的气势。当今之日，国泰民安。中国画家要确立自信，要画出泱泱大国的气派，我们从张宝珠先生的作品里能看到这份自信和自强。

何家安：看过张宝珠先生的画展有以下三个感觉：一是笔墨路数纯正，可领略其正宗传统艺术之魅力；二是书卷气甚浓，格调高雅，文化内涵丰厚；三是气息清新，让人看后神清气爽，在当今画坛十分难得。

现在中国画统一审美标准失落，各种理念混杂，很多人为中国画的前途担忧，但也有不少人在为维护民族文化尊严，振兴民族绘画而努力，张宝珠的出现无疑使这支队伍又多一员悍将，我为此而高兴。

（李忠民整理）

张宝珠绘画作品选

《独钓图》

款识：独钓 岁在壬辰春月 造奇画屋主人 宝珠写

《江山无尽图》

款识：江山无尽图。庚寅冬月，宝珠写，千佛山下。

江山無盡
庚寅冬月寶珠寫于佛山

《游黄山写意》

138cmX68cm

款识：宝珠游黄山写意，辛卯年春记于千佛山下。

遊黄山
辛卯
記于千山

《黄山松云图》

款识：黄山松云图。壬辰春，宝珠写。

黄山栖雲圖

《岱宗途中所见》

款识：岱宗途中所见，壬辰春，宝珠写意。

岱宗途中所见 壬辰年宝珠写意

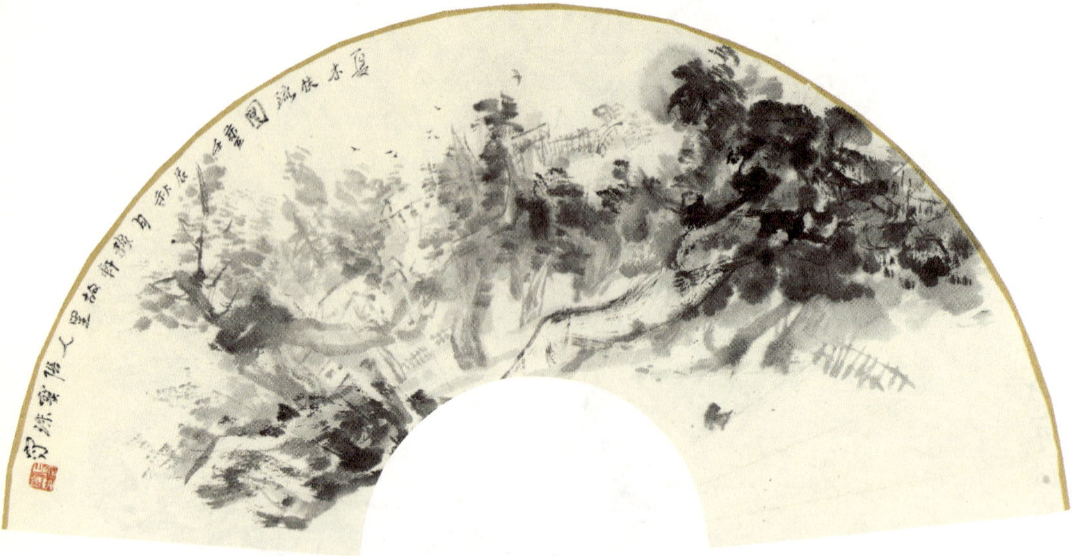

《夏木扶疏图》

款识：夏木扶疏图。岁在壬辰秋月，稼轩故里人张宝珠写。

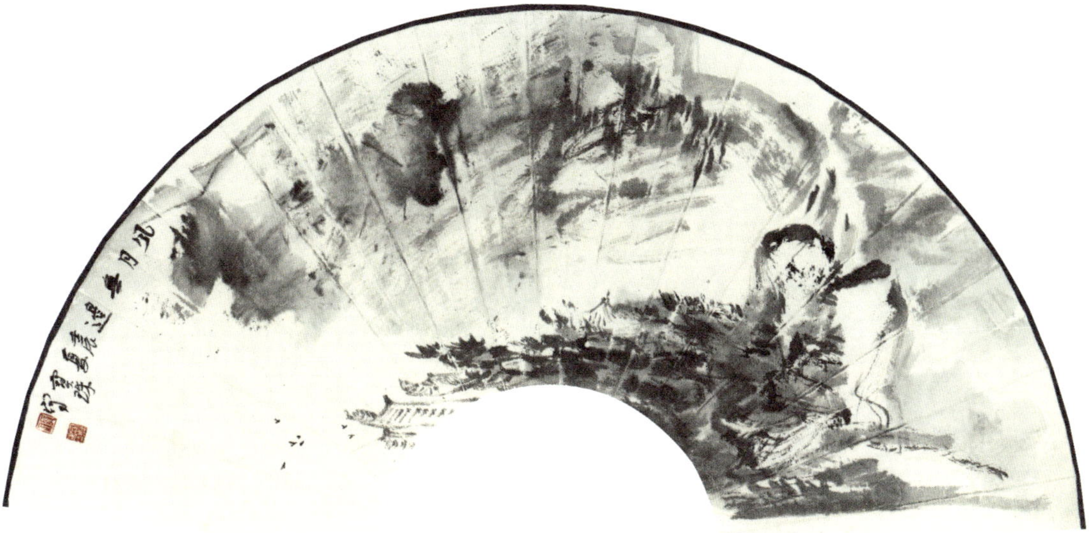

《风月无边》

款识：风月无边。壬辰夏，宝珠写。

《且听龙吟》

款识：且听龙吟。曾见伯龙恩师率意写山水，妙造自然，独得胸中机趣，偶尔命笔，但求意味，不计工拙，聊以常怀耳。庚寅，宝珠写。

且聽龍吟
筆但求意味不計工拙聊以暢懷耳庚寅寶琛寫

《且听龙吟》

款识：且听龙吟。辛卯春，宝珠写。

且聽龍吟

《山水图》

款识：春来江水绿如蓝，能不忆江南？丁亥秋月，宝珠写。

春来江水绿如蓝能不憶江南
丁亥秋月

《汉柏》

款识：汉柏。岁在戊子夏月，历下苍斋主人宝珠。

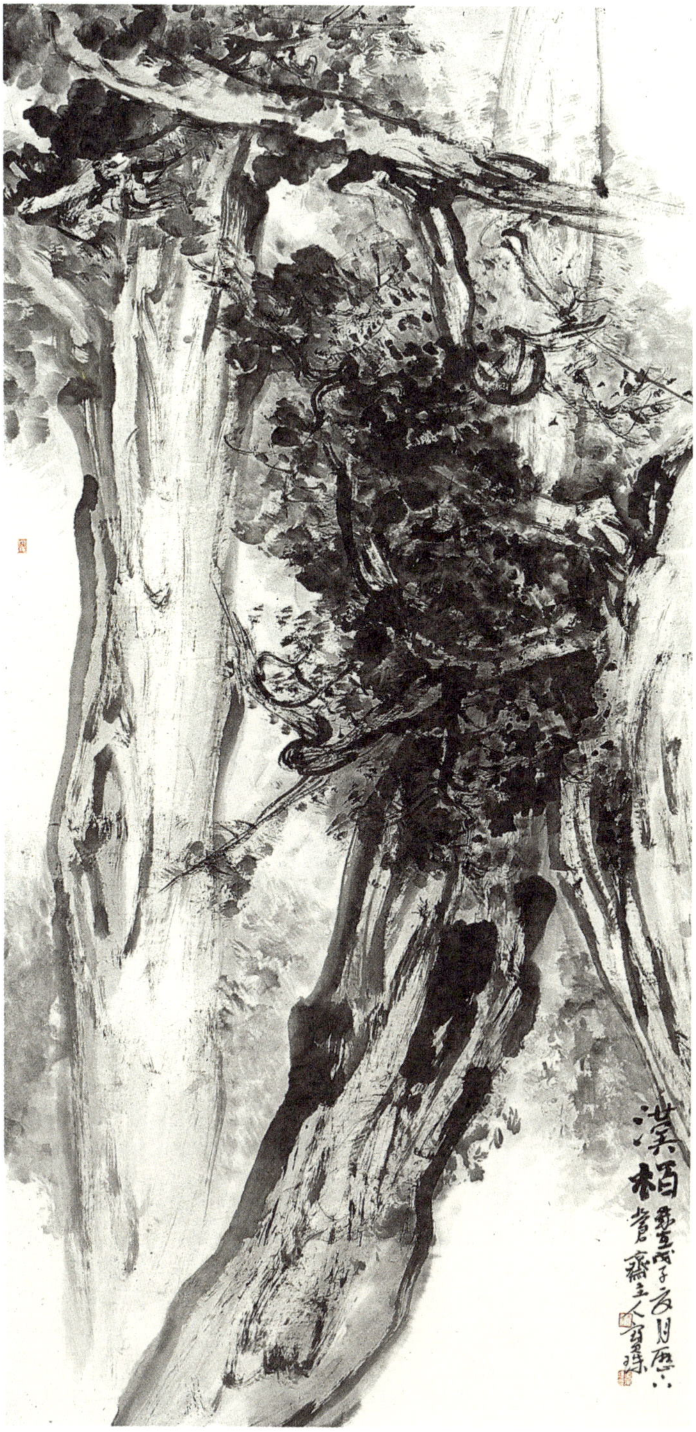
漢栢

《柳溪垂钓图》

款识：柳溪垂钓图。岁在壬辰元月，宝珠写。

柳溪垂鈎圖
壬辰元月寶珠寫

《泰山回头岭》

款识：泰山回头岭。岁在庚辰夏，稼轩故里人张宝珠写。

黄山迴馬嶺

《黄山烟云图》

款识：黄山烟云。岁在甲申春，登玉屏楼，观其景象，归后忆写，宝珠并记。

黄山烟云
余去甲申年夏登玉屏楼观其景象归后追写之

《钓乐图》

款识：独钓。岁在壬辰春月，造奇画屋，主人宝珠写。

釣樂圖
壬辰季夏 寶琛

《荫森丛爽气 》

款识：荫森丛爽气，山静少人踪。前游岱山道中 清风袭人 写以记之 宝珠写。

《泰山写生长卷（局部）》

款识：泰山写生长卷（局部）

《山水图》

款识：作画要以气行笔，因势生形，形气互补则进入艺术境界。如以力行笔用心安排，易失自然之境，终为匠画。时在壬辰夏 宝珠

《对弈图》

款识：对弈图 壬辰春 宝珠写

《松风图》

款识：松风流水天然韵，携得琴来

不用弹 壬辰夏 宝珠写

《观瀑图》

款识：观瀑怡神 壬辰夏月 历下宝珠写意。

《冷山图》

款识：元气淋漓嶂犹湿 夏月 宝珠写。

《钓乐图》

款识：钓乐 壬辰夏 宝珠写之

《岁寒图》

款识：岁寒 时在辛卯春月 桐荫画庐

主人 张宝珠写

《意笔山水图》

款识：意笔山水画 师古人师造化，胸中脱去尘渍，偶然命笔，心手双畅而相忘，但求机趣不计工拙也。壬辰夏 宝珠写。

《独立苍岩图》

款识：独立苍岩 壬辰夏 宝珠戏笔 。

《泰山道中所见》

款识：泰山道中所见追忆写之 丁亥

夏宝珠

图书在版编目（CIP）数据

懂得收藏也不难（二）/ 施艳萍著．—北京：文化艺术出版社，2013.1
ISBN 978-7-5039-5449-8
Ⅰ．①懂… Ⅱ．①施… Ⅲ．①收藏—基本知识 Ⅳ．①G894

中国版本图书馆CIP数据核字(2012)第300143号

懂得收藏也不难（二）

著　　者　施艳萍
责任编辑　陈文璟
装帧设计　姚雪媛
出版发行　文化艺术出版社
地　　址　北京市东城区东四八条52号（100700）
网　　址　www.whyscbs.com
电子邮箱　whysbooks@263.net
电　　话　（010）84057666（总编室）　84057667（办公室）
　　　　　84057691—84057699（发行部）
传　　真　（010）84057660（总编室）　84057670（办公室）
　　　　　84057690（发行部）
经　　销　全国新华书店
印　　刷　北京圣彩虹制版印刷技术有限公司
版　　次　2013年10月第1版
印　　次　2013年10月第1次印刷
开　　本　710毫米×1000毫米　1/16
印　　张　10.5
字　　数　60千字　图片53幅
书　　号　ISBN 978-7-5039-5523-5
定　　价　32.00 元